作品名： 70312 谷径子讲历史关键词 内文

荷塘共读系列

给孩子讲历史关键词

几苇渡　著

清华大学出版社
北京

图书在版编目 (CIP) 数据

给孩子讲历史关键词 / 几苇渡著. -- 北京：清华大学出版社, 2025. 9.
(荷塘共读系列). -- ISBN 978-7-302-70312-9

Ⅰ. K209

中国国家版本馆CIP数据核字第20258WP055号

责任编辑：孙元元
封面设计：谢晓翠
责任校对：欧　洋
责任印制：杨　艳

出版发行：清华大学出版社
　　网　　址：https://www.tup.com.cn，https://www.wqxuetang.com
　　地　　址：北京清华大学学研大厦 A 座　　邮　　编：100084
　　社 总 机：010-83470000　　　　　　　邮　　购：010-62786544
　　投稿与读者服务：010-62776969，c-service@tup.tsinghua.edu.cn
　　质量反馈：010-62772015，zhiliang@tup.tsinghua.edu.cn
印 装 者：三河市春园印刷有限公司
经　　销：全国新华书店
开　　本：140mm×210mm　　印 张：6.875　　字　数：152 千字
版　　次：2025 年 9 月第 1 版　　　　印　次：2025 年 9 月第 1 次印刷
定　　价：79.00 元

产品编号：101578-01

序　历史的经纬线

人类历史研究，说到底是回归到以人为本，那些宏伟建筑和珍贵文物再重要，也抵不过活生生的人。

现代社会和古代最大的不同，就体现在对人的价值认知上。我们现在不会拿人当祭品杀掉，不会因为一人犯罪牵连整个家族，天灾人祸里那些被遗忘的"无名氏"终于有了存在的记录。

每个生命都是历史长河里抹不掉的印记，就像青铜器上的铭文。人类文明现在要跨的新台阶，应该是学会不用流血来解决矛盾——就像考古学家清理文物时，不是用铁刷子硬刮，而是用软毛刷慢慢拂去尘埃。

历史课本里成串的年份与帝王将相的"名场面"，恰似舞台追光灯下的定格特写——待大幕落下，徒留零散星点，让人难窥全豹。读史最忌"单眼观察"：若只盯着紫禁城里的皇家逸事，便犹如持钓竿丈量沧海，执算盘演算星河。

要看清五千年脉络的关键词，需要两套工具：

丈量文明的三维标尺——时间、空间、阶层；

驱动进程的三组齿轮——科技、生产力、制度。

前者勾勒历史轮廓，后者揭示文明动能，共同编织出五千年经纬。

三维丈量标尺，界定社会的结构，定位历史事件与人物的演变过程。

时间标尺。看历史不能像数豆子似的只看"某年某月发生了什么"，要学会分出深浅。但若不知道唐代科举制推行后，寒门读书人从乡野私塾走向长安朱雀大街足足酝酿了百十年，不晓得良渚先民五千年前挖渠治水的智慧，至今仍在滋养长江三角洲的鱼米之乡，就永远看不懂为何有些变革轰轰烈烈却转瞬即逝，有些看似平常的发明却能改变千年。

空间标尺。同样是耕种，长江下游的良渚人把稻米当作祭品埋入祭坛，而黄河中游的仰韶人则把鱼纹绘于陶罐，寄托丰产的期盼，水土差异早把答案写在了文明的基因里。但地理绝不是死气沉沉的背景板——当丝绸之路的驼铃把长安丝绸送到罗马贵妇肩头，当大航海时代后的美洲土豆援助了半个欧洲的饥民，这种跨越山海的互动才是历史最精彩的戏码。

阶层标尺。博物馆里金光灿灿的青铜鼎、绣着金线的龙袍，都是给"金字塔尖"准备的奢侈品；九成古人毕生都在"鸡鸣三遍摸黑起，月挂柳梢荷锄归"的循环里打转。宋代之前商人连绸缎都不许穿，但明代捐官制度却让徽商穿上绯色官袍，清代旗人饷银更是养活了半条胡同的剃头匠。

而三组驱动齿轮，如同文明 DNA 的双螺旋结构，在三维标尺下悄然书写着历史剧本。

科技齿轮啮合文明进程。商周工匠在作坊里调试青铜器的铜锡配方时，不会想到这些经验数据 3000 年后成了冶金学基石；毕昇发明活字印刷时，更不会料到 400 年后欧洲用这个技术动摇了教廷的权威。光绪年间江南制造局的学徒们最有发言权——他们既要传承千年的锻造手艺，又要理解蒸汽机的热力学原理，这种技术断层的撕裂感，恰是文明蜕变的真实轨迹。

生产力齿轮转动民生巨轮。战国铁器成本大幅降低，农具才真正"飞入寻常百姓家"。北宋胶泥活字初问世时，刻套字模抵得农家半年口粮；待到明代木活字风行，书本价格已够秀才半月束脩。最耐人寻味的是晚清纺织业变革：上海机器织布局的蒸汽机轰鸣固然壮观，但真正让四万万同胞穿上完整衣衫的，更是直隶农妇改良的三锭纺车——技术落地生根时溅起的泥星，才是文明前行的真正印记。

制度齿轮推动静默革命。秦始皇郡县制的竹简墨痕，依然投射在今日省级版图上；1905年废科举引发的知识阶层失重，比战场厮杀更显时代裂变。当松江农妇用棉布换银钱纳税时，她们正参与着一条鞭法引领的财政革命——这场持续三百年的慢性渗透，彻底重塑了农耕文明的经济逻辑。

如今网上看历史有两大迷思：穿越幻想与戏说沉溺。握惯智能手机的现代人，总妄想带着"上帝视角"穿越时空——回汉唐当王爷。

历史古装剧更是暗藏三重滤镜：脸谱化叙事将人性压成剪纸，时空屠宰场肆意篡改，阶层滤镜美化森严等级。更有甚者，将血腥政斗裹上糖衣，把尔虞我诈拍成风月传奇，实为对皇权最深的误解。

且看生存真相：宋代江南稻田亩产不足现代山地的1/3，一场风寒便能夺命；剧中美化的绫罗实则粗硬刺肤，御膳珍馐可能带着厨役的汗渍；但明代商人欲衣绸缎，先得捐纳换取九品顶戴；清代旗女落选秀女，婚配对象必在八旗之内；老照片里的"达官贵人"，细看绸衫袖口毛边毕现，远不及现代成衣光洁。更残酷的是卫生困局，光绪年间京官宅邸的恭桶仍置卧榻之侧，唐宋明清的市井充斥着粪车的吱呀声。某些剧作让主角用青盐护齿，却不知平民以杨柳枝蘸灶灰洁牙，这般"古风体验"足以磨穿牙釉。毕竟唐宋市井的粪车与民国胡同里的别无二致，乾隆官窑的釉色与百姓粗陶碗永无交集。

审视历史的智慧，是站在今天的科技树上看懂先人的脚印，是拿着现代的手术刀解剖古代的顽疾。那些被强行用 AI 上色的老照片，鲜艳却失真。

当我们神游汉唐之后，终究要带着对先人的敬意、对当下的珍惜、对明天的好奇，继续在这条走了五千年的道路上踏实前行——既要看见紫禁城琉璃瓦上的日影，也要闻得见胡同口尿盆子的骚气；既赞叹镂空牙雕玉雕的精妙，也得摸到老农手上的厚茧子。

这才是读史该有的模样，是 5000 年文明完整的色谱，是一幅历史名场面的全景画，一本历史大百科的关键词。

2025 年 3 月

目 录

一、五千年：时间轴与人

金庸小说《天龙八部》中，慕容博念叨了一辈子"复兴大燕"：我慕容氏乃鲜卑慕容氏后裔，昔年大燕国威震天下，子孙岂能忘却列祖列宗的基业？复儿，你须记得，我慕容氏世世代代以兴复大燕为志！

若对照历史时间线，便会发现黑色幽默。这场梦幻愿景，既不是东汉接西汉、南宋承北宋的宗室口号，也不是间隔百年的反清复明的族群执念。

当萧峰与耶律洪基结拜时，距离十六国慕容氏最后的南燕政权（另外三个是前燕、后燕、西燕）灭亡，已经过去650年。这时间跨度堪比从朱元璋登基直到今天的距离。

来时路

关于中国历史最关键的三个核心概念，都与梁启超有直接关联。

第一个概念是"中华民族"。

梁启超在 1902 年开始发表的《论中国学术思想变迁之大势》中首次提出这个概念，最初主要指汉族，后来发展为涵盖多民族的共同体。他在 1905 年《历史上中国民族之观察》中明确指出中华民族是多个民族融合形成的，突破了传统的"夷夏之辨"观念。这一理论直接影响了孙中山提出的"五族共和"思想。

第二个概念是"上下五千年"。

这个说法最早可以追溯到 17 世纪意大利传教士卫匡国的《中国历史》，将伏羲元年定在前 2952 年，试图将中国历史纳入《圣经》年表体系。1914 年，梁启超在《爱国歌四章》中通过"五千余岁历史古"的诗句，赋予了它民族主义的内涵。同盟会后来采用黄帝纪元（前 2697）进一步强化了这种历史叙事的政治正当性。

第三个概念是"四大文明古国"。

1900 年，梁启超流亡日本期间创作的《二十世纪太平洋歌》首次明确提出这个概念，将中国与印度、埃及、小亚细亚（后调整为巴比伦）并列为人类文明发源地。他将人类文明划分为河流文明、内海文明和大洋文明三个阶段，其概念可以追溯到 19 世纪西方传教士丁韪良等人的"最古国"论述，但梁启超通过诗歌形式注入了鲜明的民族主义意义。1923 年历史学家柳诒徵在

《中国文化史》中明确将巴比伦、埃及、印度、中国并称，使这个概念在中国学术界定型。

这些概念的建构过程，反映出近代中国在民族认同、历史叙事和文化符号方面的自觉重构。此外，还有"龙的传人"。这个概念则经历了从学术考据到大众传播的过程。

闻一多1942年发表《伏羲考》，通过人类学方法论证龙图腾是蛇身、鹿角、鱼鳞等部落图腾的融合产物。顾颉刚则用"层累说"揭示龙形象从新石器时代的玉器造型到明清帝王服饰的形态演变，共经历六次重大变异。这些学术结论在1978年通过台湾音乐人侯德健创作的歌曲《龙的传人》实现大众化传播，歌词"遥远的东方有一条龙"成为全球华人的文化纽带。

解构五千年

司马迁《史记》的历史叙述体系，以《黄帝本纪》开篇，将黄帝、颛顼、帝喾、尧、舜列为五帝，之后是治水的大禹和夏商周三代。这些记载既有传说成分，也包含历史事实，有明确纪年的起点是《史记·十二诸侯年表》记载的公元前841年。

在这个年份之前，已经发现有文字（如商代甲骨文），有单一事件记载（如西周青铜器铭文），但不构成"连续纪年"历史。需要注意这三个概念的区别。

晚清民国时期关于商朝是否存在的争议，最终通过殷墟考古发掘得到解决，这也标志着中国现代科学考古的诞生。考古发现与文献研究的结合，验证了王国维提出的"二重证据法"，证实了《史记》记载的可信度。

关于前 841 年之前的历史，国家组织过两次重大研究工程：

1996 年启动的"夏商周断代工程"是我国首个跨学科年代学研究项目，通过碳-14 测年技术、天文推算和文献考证相结合的方法，构建了夏商周三代历史框架：

夏朝（约前 2070—前 1600）

商朝前期（前 1600—前 1300 盘庚迁殷前）

商朝后期（前 1300 盘庚迁殷后—前 1046 周武王伐纣）

西周（前 1046—前 771）

尽管学界对夏朝仍有争议，但二里头遗址发现的宫城制度和青铜礼器群，证实了其早期国家的形态。

2001 年启动的"中华文明探源工程"，是以田野考古为基础，自然科学和人文社会科学多学科联合研究中国古代历史与文化的重大科研项目。通过对良渚、石峁、陶寺、二里头等 29 处遗址进行系统研究，对早期中国历史给出基本框架：距今 5800 年至 3500 年划分为古国时代和王朝时代两个部分。

其中，"古国时代"可分为三个阶段：

第一阶段（距今 5800—5200 年前后）是区域文明萌芽期。黄河、长江及辽河流域的仰韶、红山、大汶口等文化中，大型聚落开始出现社会分层，如在河南双槐树遗址的宫殿式建筑、红山文化的祭坛与积石冢，玉器、象牙器等礼器初步成为身份象征；农业与手工业发展推动聚落群层级分化，但尚未形成统一权力中心。

第二阶段（距今 5200—4300 年前后）进入早期国家成熟期。长江下游良渚文化为这一时期典型，良渚古城规模宏大，拥有复杂的水利系统和以玉琮、玉璧为核心的礼制体系，以及标志着神权与王权高度结合的社会形态；同期黄河下游龙山文化城址（如城子崖）及长江中游石家河古城显现跨区域互动，玉器技术传播与资源流通加速文化融合，但良渚因环境压力逐渐衰落。

第三阶段（距今 4300—3800 年前后）是中原文明整合期。黄河中游陶寺遗址（宫城、观象台、铜器）与陕北石峁古城（巨型石砌城垣、玉器浮雕）展现剧烈社会变革，族群冲突与技术突破（青铜铸造、文字符号）并行，中原地区通过吸收周边文化精华，在二里头文化前夕形成制度性整合能力，为夏商周王朝奠定了政治与文化基础。

所以，我们可以大胆想象，黄帝"邑于涿鹿之阿"可能与石峁遗址（前 2300—前 1800）的巨型石城有关；颛顼"绝地天通"的改革可能反映了良渚神权体系的崩溃（前 2300）；尧舜"禅让"传说或许与陶寺遗址（前 2300—前 1900）的权力更替存在关联。各地考古发现的"满天星斗"格局，如仰韶彩陶西传、大汶口玉器东输等，共同构成了中华文明多元一体的雏形。

修史接力

《史记》之后，中华正史体系的形成过程，经历了一个漫长的累积和修订过程。

唐代在编纂《隋书·经籍志》时首次将《史记》《汉书》等前代史籍列为"正史"类别，当时确立的是"十三史"概念。

到了北宋印刷术普及时期，学者们在十三史基础上加入《南史》《北史》等形成"十七史"体系。明代嘉靖年间刊刻"二十一史"，新增《宋书》《新唐书》等四部。

直到清乾隆四年（1739）武英殿校刻《明史》完成，才最终形成了"二十四史"的完整体系。

这个历时千年的积累过程，生动地体现了中国人"以史为鉴"的文化惯性——每个朝代都要通过修纂前代史书来确立自身正统性，也体现了本朝的政治观点。就像宋代增补《新五代史》来强化中原王朝叙事，元代编纂《辽史》《金史》来构建多民族统绪的合法性。

民国时期编修的《新元史》与《清史稿》，作为传统正史编纂体系的近代回响，恪守纪传体例与文言书写范式，成为二十四史编纂传统的余绪。

而当代国家修史工程则以2002年启动的《清史》编纂为标志，2004年确立"新修清史"的典、志、表、图、传五体并立框架，历经十六载编纂形成134册送审稿，虽已于2018年11月完成国家层面报审程序，但因审校修订周期漫长，迄今尚未定稿出版。

中国史书体系，以二十四史为核心，包容更为多元的史书类型，形成了"纪传为经，编年为纬，杂史补阙"的多维架构。

先秦时期，《尚书》开创了典谟训诂体例，记录上古王官政治；《春秋》以编年笔法暗含微言大义，衍生出《左传》的翔实叙事与《战国策》的纵横家言，共同奠定了史籍的书写范式。

秦汉以降，《汉纪》（荀悦）、《后汉纪》（袁宏）等断代编年体接续传统，与纪传体正史形成互补；《越绝书》《吴越春秋》等地方性杂史，则掺杂传说与信史，展现出多元的历史记忆。

其中争议最大的《竹书纪年》，作为西晋出土的战国魏国编年史，其"舜囚尧""启杀益"等记载颠覆了儒家圣王叙事，揭示了上古权力斗争的血腥本质，成为解构正统史观的关键异类文本。

而司马光主编的《资治通鉴》堪称特殊题材史书的巅峰，以294卷篇幅贯通战国至五代（前403—959），首创"考异法"辨析史料真伪，确立了"鉴于往事，资于治道"的经世史学传统。

王朝刻度尺

拆解一下夏王朝至今的4000多年。大家不妨拿出笔来，在纸上画出一个时间轴，然后逐一标注。借直观的线段对比观察，有助于我们理解历史的长度。

夏代建立至清末结束帝制的时间段中点，大致是秦始皇时代。这是中国历史的一个重要节点。先秦的夏商周三代时间非常长，有约1814年之久。而秦始皇至溥仪，也只有2122年。

虽然秦代存在时间短暂，但其创立的郡县制、文字统一等制度成为文化基因，被汉唐继承发展，奠定了中国的"秦制两千年"。

从秦始皇到溥仪对折的重要节点，则是北宋开国——960年，赵匡胤发动陈桥兵变。同年，在福建莆田湄洲岛出生了一个女孩，名字叫林默，即后来被沿海居民虔诚信奉的妈祖娘娘的原型。这个巧合隐喻着中国从纯陆地文明向兼具海洋文明的转型。

北宋开启的"商业革命"（交子纸币、市舶司制度）与明清"白银时代"（隆庆开海、马尼拉大帆船贸易）形成了连续的发展脉络。科技史上，毕昇活字印刷（1040）、郑和宝船（1405）、宋应星《天工开物》（1637）构成的创新链条，深刻地影响着现代中国的技术传统。

具体到一个朝代中，我们同样不能笼统地认为这个王朝的各方面在存续期间上是完全一样的。比如要切断唐代时间轴来看，别被"盛唐"这个统称给迷惑了。大唐延续的 289 年，在安史之乱以后，已经进入岌岌可危的状态——内有藩镇割据、宦官弄权、朝臣党争，外有吐蕃、回鹘等威胁。大唐疆域只是在唐高宗时期一度达到最大，随着实力减弱，就不断被侵蚀而缩小。

把唐王朝对折，中间点恰好是 762 年。这一年太上皇唐玄宗和皇帝唐肃宗先后去世，大唐彻底由盛转衰，大明宫风光不再。所以今天对唐代历史与艺术的研究中，通常又分成四期：初唐、盛唐、中唐、晚唐，其政治、社会和文化背景是不同的。

与世界对望

时间轴还有另一个功能，与世界史相对应。看看某个年份，世界上发生了哪些大事，会有错位的感觉。

西方有一句谚语："人类惧怕时间，而时间惧怕金字塔。"最大的古埃及金字塔，第四王朝胡夫金字塔距今约 4600 年，比"金箍棒"早了 500 年——"猴哥"的如意金箍棒，书中从东海龙王口中说得明确："那是大禹治水之时，定江海浅深的一个定子，是一块神铁。"大禹治水比夏王朝建立早几十年，也就是距今4100多年前。

古巴比伦《汉谟拉比法典》的完成是在公元前1776年，这是夏王朝后期，比商汤灭夏桀早了176年。著名的图坦卡蒙，是古埃及第十八王朝法老，他死后20多年，商王盘庚迁殷。在这位法老100年后，才是商王武丁和王后女将军妇好的时代。

列出这些对比，并不是要中外一比高低，只是站在人类世界史的时间轴上来审视我们自己的历史节点。当然网上也有很多西方早期伪史论的观点，在这里不做讨论。对比的世界史时间，也是我们的历史教科书中给出的。

扑克牌中4个K，其实代表了欧洲历史上4位著名帝王。

黑桃K大卫王，是古以色列第二位国王。他手持竖琴，源自《圣经》中他弹奏乐章赞颂上帝的形象。他出生的年代，西周初年上演着"周公辅成王"的故事。

梅花K亚历山大大帝，是古希腊马其顿国王。他手持地球仪，象征其征服欧亚的野心和功业。公元前323年，这位年轻的国王意外去世。这一年的中国处于战国时代，七雄并立，齐威王、赵武灵王、秦惠文王、楚怀王……变法改革，合纵连横。

200多年后，方块K、古罗马的独裁者恺撒站在亚历山大的墓前时，中国已经到了西汉元帝时期，10多年后，昭君出塞。

红桃K查理曼大帝，扑克牌中唯一没有胡须的国王。这位法兰克王国的统治者，在公元800年的圣诞节，被罗马教宗良三世加冕为"罗马人的皇帝"。这是唐德宗贞元年间，大唐与吐蕃之间正在频繁战争。20年后才立下"唐蕃会盟碑"，迎来历史上最长的和平期。

汉传佛教认为释迦牟尼涅槃于公元前483年，正是孔子的晚年。632年，伊斯兰教创始人穆罕默德去世，取经路上的玄奘大师已经在印度那烂陀寺。

1066年，法国诺曼底公爵征服英格兰，成为威廉一世国王。北宋英宗朝廷里在濮议之争，"砸缸神童"司马光呈上首批八卷《资治通鉴》。

1453年，东罗马帝国灭亡，欧洲中世纪结束。哥伦布两岁。大明景泰四年，即将开始一场"夺门之变"。郑和去世了20年。

牛顿生于1643年，他一岁时，崇祯帝自缢于煤山。

1860年，咸丰帝病死在热河避暑山庄，慈禧太后开始走向中国政治舞台。同一年，地球另一边，林肯当选美国总统。

历史不是孤立的，是同一个时间舞台。即便那一刻山水相隔，但人类的进程是相通的，迟早要互相交流和影响。

相关文物

中国现存最早带有"中国"字样的文物是何尊。这件西周青铜器1963年出土于陕西宝鸡贾村镇，是周成王时期的宗庙祭祀礼器，内壁铭文记载"余其宅兹中国"。这里的"中国"特指营建东都洛邑（今洛阳），体现了周人"择中建都"的政治理念。

另一件标志性文物是 1995 年新疆尼雅遗址出土的汉代织锦护膊，其上织有"五星出东方利中国"八字，与同墓发现的"讨南羌"残片缀合后，完整呈现了《史记》记载的"五星聚于东方则中国利"的天象预言。

何尊与汉代织锦护膊

利簋是现存最早的西周青铜器。其铭文"珷征商""夙有商"，是已知周初文物铭文中关于"武王伐纣"的唯一史料。

1955 年，江苏省南京赵史岗吴墓出土了三国东吴青釉虎子。腹部刻有"赤乌十四年会稽上虞师袁宜作"和"制宜"的铭文，明确地标明吴帝的年号和瓷工自己的姓名，故一种观点认为其不应该作为亵器，而应是盛水的水器。

文物自身的纪年铭文，是历史价值的加持。

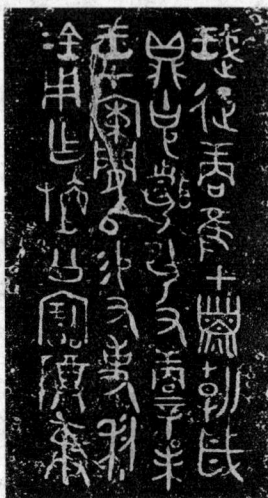

利簋

三国东吴青釉虎子

二、是蜀是汉：王朝正统观

某老版电视剧里，诸葛亮军队打出了"蜀"字旗号，眼尖的观众立马指出"错啦"。刘备、诸葛亮一直喊着"匡扶汉室"，怎么会自己称蜀？！

三国之争，不是争是蜀是汉，而是天下三分，谁是正统。这一场辩论的"名场面"是"武乡侯骂死王司徒"：住口！无耻老贼！……何期反助逆贼，同谋篡位！……你即将命归九泉之下，届时有何面目见汉代二十四代先帝？！

正史中的王司徒的确病死于诸葛丞相第一次北伐的同年，但并没有在战场上面对面。关于王司徒有两个冷知识：一是他曾被徐州刺史陶谦举为茂才；二是他的孙女王元姬嫁给司马昭，生下晋武帝司马炎。与石崇斗富的王恺，是王元姬的弟弟，也是王朗的孙子。

鼎力三分

关于魏蜀吴三国正统地位的争论，历代观点随着政治需要而不断变化。

西晋初年，出身蜀汉的陈寿在编纂《三国志》时，将曹家事迹编入帝王专属的"本纪"，而刘备、孙权仅列于"列传"。这种安排源于司马氏政权以曹魏继承者自居，若否定曹魏合法性，晋朝统治根基将受动摇。

东晋南渡后，史家习凿齿在《汉晋春秋》中改尊蜀汉为正统，提出"晋承汉统"之说，这很显然是为偏安政权寻求法理依据。南北朝分裂时期，则各自从需要出发来阐释：北方政权多延续曹魏正统观，如北魏史官崔浩强调拓跋氏与曹魏同属北方传承；南朝梁武帝则命史家将刘备与汉光武帝并称，借此标榜南朝延续华夏正统。

北宋司马光编纂《资治通鉴》时仍采用曹魏年号，但明确表示此举出于编年体例需要，字里行间流露出对蜀汉道义的认同。朱熹在《通鉴纲目》中彻底颠覆旧例，直接以蜀汉年号纪年，构建了"汉—蜀汉—东晋—南宋"传承谱系。此举既因南宋偏安局面与蜀汉相似，也因理学强调君臣纲常伦理。

元代民间文艺兴起后，关羽"忠义"形象通过杂剧广泛传播。《三国演义》成书时，"尊刘贬曹"倾向已深入人心。清代康熙帝曾客观评价曹魏历史作用，但民间戏曲评话中的蜀汉正统观已经难以撼动。曹操的白脸、刘备的红脸、孙权的紫脸，三国各方的形象被舞台彻底脸谱化。

南北朝时期，南北政权在史书编纂中形成了激烈对抗的局面。堪称互相"骂街"。

南朝《宋书》以"索虏"贬称北朝，强调鲜卑族辫发习俗的"胡俗"，如"断发文身，无冠带之饰"。北朝《魏书》则用"岛夷"否定南朝合法性，称刘裕"本晋陵小吏"。

双方在经济、外交领域也相互排斥。南朝商船频繁进入北魏港口，但官方文书仍称对方钱币为"虏钱"。北魏要求南朝国书必须使用"贡"字，却在贵族阶层流行穿着"建康锦"。

这种对抗性书写背后，是争夺"正朔"话语权的深层诉求——南朝以"衣冠礼乐"自居，北朝标榜"居天下之中"，各自构建着文化正统性。

唐初推行"混一戎夏"的政治理念。唐代史家李延寿编撰《北史》《南史》中，虽保留"索虏""岛夷"旧称，但增设《僭伪列传》将南北政权并列记载，并提出"帝王起灭，岂伊常理"的史观。

到了司马光编写《资治通鉴》，提出相对正统原则，则首创"南北朝"并列纪年体系，标志着历史叙事从政权对抗转向文明整合。

两宋时期的政权关系常被喻为新的"三国演义"。北宋与契丹、西夏形成三足鼎立局面，南宋则与金国、西夏长期并存，这种格局深刻影响着当时的称谓体系。

北宋与辽代在澶（chán）渊之盟后互称"兄弟之国"，官方文书以"南朝""北朝"平等相待，宋真宗致辽圣宗的书信甚至自称"弟大宋皇帝"。但民间依然沿袭旧习，宋军战报中仍用"防虏"字眼，辽人也讥讽宋官品级"不过知县"。

对于西夏的称谓更显微妙。庆历和议前宋代公文称其为"西贼"，范仲淹奏疏中多见此类蔑称，和议后改称"夏国主"。而西夏君主元昊在国书中自称"大夏"，刻意与"南朝"平起平坐。

南宋与金的称谓体系则充满了屈辱印记。绍兴和议规定南宋向金称臣，文书中必须使用"侄宋"这类卑称，《金史》明确记载金廷将南宋君主称为"侄"。金国官员在正式文件中则常以"江南"代指南宋，刻意回避其国号。

但民间始终不承认这种等级划分，陆游诗作直斥金廷为"虏廷"，科举考试甚至禁用"金"字以避讳。金朝在汉化过程中虽偶尔使用"邻邦"这类中性称谓，但内部仍蔑称南宋为"南人"。

从"兄弟之国"到"叔侄君臣"的称谓演变，本质是华夏正统话语权的转移。北宋尚能通过岁赐维持名义平等，而南宋向金称臣标志着"中国"概念的首次外移——金世宗在《金史·地理志》中公然自称"中国"，将南宋贬为偏安政权。

元代修史时的正统裁量更显政治智慧。至正三年（1343）诏修《辽史》《金史》《宋史》，确立"三国各与正统"的原则，其深层考量是承认蒙古帝国对三大文化体系的继承权。而西夏被排除在正史之外。

五德终始说

改朝换代，换了皇帝姓氏，怎么解释这种更迭呢？也很简单，请出老天爷来，"天命所归"可以解释一切。无论是以强迫禅让延续法统，还是以武力击败来改朝换代，后继者都首选要强调"天命"使然，不是人力可以违背的。

典型的是朱元璋的"驱除鞑虏"的成功。在他的即位诏书中，承认了蒙古人建立大元的合理性，也解释了以大明取代蒙元的先进性："自宋运既终，天命真人于沙漠入中国，为天下主，传及子孙，百有余年，今运亦终。"

以简单的天命来解释，还不能显示出这个更迭的科学性。战国时期阴阳家邹衍提出"五德终始说"，即以五行"金木水火土"对应五德。他认为每个王朝都有自己的"德"，旧的结束，新的开始，就是以一种"德"取代另一种"德"。那么问题来了，五德前后之间是相生还是相克？答案是不固定的，根据需要。

汉高祖刘邦时，因秦国寿命太短且暴虐，剔除了正统朝代序列，于是认定是汉代接替周代，周是火德（尚赤色），汉代是水德，水克火。汉武帝时，上层的看法变了，又认为秦属于正统朝代，那么秦就是水德（尚黑色），土克水，汉就改为土德（尚黄色）。

西汉末年，热衷于各种改革的王莽篡位后，接受了刘歆父子的五行相生说，对各代五德进行了系统修改。于是有了新版：

黄帝（土）→夏（金）→商（水）→周（木）→汉（火）→新朝（土）

这样汉代有了第三个德行，从水到土，再到火。光武帝建立东汉后，也承认了这个说法。因此汉代也被称为炎汉、炎刘。东汉末年，黄巾起义时，则以土之黄色反汉之炎火。

东汉之后，王朝延续了五德相生的规则，毕竟相生比相克更柔性化。但实际上的改朝换代都是要依靠军事力量，没有在位者主动去禅让的。（除了那个精神错乱的燕王哙）

曹魏·孙吴（土）→晋（金）（之后南北朝各自解释）

→南朝宋（水）→南朝齐（木）→南朝梁（火）→南朝陈（土）
→北魏／西魏（水）→北周（木）→隋（火）→唐（土，服饰黄，
旗帜赤）→后梁（金）／后唐（土，沿用唐代）→后晋（金）→
后汉（水）→后周（木）→宋（火，色尚红）．

女真人建立的金国是最后一个官方确认自己的"德"行的，
可见汉文化的影响力之大。金章宗时自认为土德，到后期金宣宗
时认为伪齐（刘豫政权）为土德，金朝为金德。

之后明代曾短暂讨论火德（尚红），但未形成官方五德体系。
清代以"满蒙汉藏多元一体"取代五德理论。

从五德终始说，可以理解很多上古的学问，其局限性不是科
学，而是逻辑自洽。直接将其跨过去，对于社会发展也没有影响。
很多定义为必然的结论，源于这是不能重来一次的唯一选项。

二王三恪

除了五德相生相克的说法，古代王朝还有"二王三恪"，保
持对前朝形式上的纪念和优抚。"恪"，即表尊敬之意。杜佑《通
典》考证"三恪二王后"，以为封前两朝代后裔为"二王后"，封
前三朝代后裔为"三恪"。但不要天真地认为这种态度是真的尊
敬，这只是一种政治需要和平衡，并显示本朝所承继前朝的合理
性，表明正统地位。

曹丕代汉后，封汉献帝为山阳公，不称臣，受诏不拜，以天
子仪仗祭祀宗庙。司马昭灭蜀后，封刘禅为安乐公。司马炎代魏

后，封魏元帝曹奂为陈留王，灭吴后，封孙皓为归命侯。因西晋以曹魏为正统，故其以山阳公、陈留王为二王后，以姬周后裔的卫公为三恪。殷商后裔的宋公已出三恪，被降封为宋侯。

值得注意的是，这个时期的禅让，是以和平方式为结果的，所降封的爵位也都世袭多代。到了刘裕代东晋时，则杀光了司马家的宗室。这种血腥解决前朝君主的模式，也成为流行病。

明清不再遵循"二王三恪"的形式主义，但对古代帝王的纪念和祭祀并没有取消，这就是历代帝王庙。

金元时期，对中原王朝前代帝王均有建庙祭祀。但关于分别祭祀，还是统一祭祀，是有争论的。明洪武六年（1373），朱元璋决定于京师（南京）钦天山（今北极阁）之南兴建统一的历代帝王庙，供奉共17位开国帝王。后又撤出了隋文帝。

嘉靖时，按南京帝王庙的形制，在北京兴建了历代帝王庙。从此南京帝王庙废弃。这时有官员提出建议要罢黜元世祖的神位。但礼部讨论后给出意见认为："胡元受命九世，世祖最贤，其一代之治有足称者。所谓夷狄而进于中国则中国之，亦春秋兴言之法。……宜遵旧制，庙祀如故。"嘉靖帝采纳了礼部意见。但15年后，再次讨论这个问题时，决定撤销对元世祖和元代名臣的祭祀。

清顺治时期，恢复祭祀元代，并增加辽、金帝王。康熙晚年，进一步扩大入祀帝王，"凡曾在位，除无道被弑、亡国之主外，应尽入庙崇祀"。乾隆时，强调"中华统绪不绝如线"，增加东晋、南朝之宋齐陈、北朝之北魏、五代之后唐、后周等帝王入祀。这个过程中也有一些帝王被撤出祭祀，最终入祀帝王达188位。

九鼎

五德终始说之前，记载中有另一种象征王朝正统传续的东西——九鼎。传说是大禹用天下九牧（九州的负责人）所贡之金（铜）铸成，象征九州。

夏、商、周换了三次"产权人"，搬家了若干次，以示王权的更迭。春秋时期的周定王时，"不鸣则已，一鸣惊人"的楚庄王还派人"问鼎之轻重"。

秦灭周之后，九鼎就不知所踪。一说秦昭襄王将其迁入秦都，途中落入泗水；一说更早的周显王时已失，"宋太丘社亡，而鼎没于泗水彭城下"；一说被熔化铸钱或兵器。而秦始皇和汉文帝都在泗水中寻找九鼎，均没有结果。

此前"奋六世之余烈"中的秦武王到周都王城去"拜访"周赧王，与大力士孟说比赛举鼎，导致折断胫骨、失血过多而死。明代小说《东周列国志》中，把这段故事描写得很详细，说秦武王举起的"龙纹赤鼎"就是秦国所在的雍州之鼎。

因为秦武王的意外死亡，才有公子稷回国即位，即秦昭襄王。其生母芈八子也才有机会成为政治舞台上的秦宣太后。从生物学角度，没有这次意外，也就没有秦始皇。所以历史的必然，也是很多次意外的结果。

为了九鼎的寓意，后世帝王曾多次重铸九鼎，以武则天万岁通天元年（696）和宋徽宗崇宁四年（1105）两次最为有名。但这些古人的"二创"作品，也都不知所踪。

和氏璧

文学和戏曲作品中，另一个代表王朝正统的东西，是用和氏璧制成的传国玉玺。

故事里，秦始皇统一六国后，终于得到当年蔺相如"完璧归赵"的那块和氏璧，为太爷爷秦昭襄王圆了梦。于是命工匠用和氏璧制成传国玉玺，将李斯写的八个篆字"受命于天，既寿永昌"刻在印面上，以此作为大秦帝王的传国玉玺。

了解玉璧的朋友会质疑，因为在博物馆中看到了先秦玉璧，都是圆形带孔，即便是直径超过一尺的玉璧，厚度也很有限，如何能雕刻成玉玺呢？尤其先秦玉玺尺寸则更小。

实际上关于和氏璧刻传国玉玺是一种讹传。北魏崔浩《汉纪音义》载："传国玺，是和氏璧作之。"到了五代时前蜀的杜光庭《录异记卷八·异石》中就玄乎了，载："岁星之精，坠于荆山，化而为玉，侧而视之色碧，正而视之色白。卞和得之献楚王，后入赵献秦。始皇一统，琢为受命之玺，李斯小篆其文，历世传之。"

但在正史《汉旧仪》《吴书》《宋书》中记载，大秦玉玺是蓝田玉材质，刻了李斯写的"受命于天，既寿永昌"八个字。印纽是螭虎纽、交五龙。

蓝田玉，产于秦都咸阳附近蓝田山。距离《韩非子》中记载发现和氏璧的楚地，是千里之外了。

这个秦传国玺，在王莽篡位时，太皇太后王政君一气之下砸在地上，摔坏了一个角。传说王莽命人以金子镶补，评书戏剧中也称"金镶玉玺"。

东汉末年，孙坚在长安皇宫里意外得到这枚玉玺，这段在古典小说《三国演义》中也有讲述。孙策用这个玉玺向袁术换了几千兵马，开始了孙家的二次"创业"。而袁术获得玉玺，按捺不住野心，在寿春急急忙忙地称帝了。

曹操得到袁术手里的传国玉玺之后，在曹魏、西晋传承。五胡之乱时，西晋亡于匈奴人建立的前赵，玉玺也不知所踪。

晋人衣冠南渡，琅琊王司马睿在南方建立东晋，因没有这枚传国玉玺，被讥笑为"白板皇帝"。但这并不影响政权的实际存续，无论九鼎还是传国玉玺，都只是一种象征。对这一点，古人已经有明确的认知。

西晋以后，还有这枚传国玉玺的各种流传版本，就不一一罗列了，只是距离真相可能越来越远。而历代发现了"受命于天"传国玉玺的献宝活动，成了"非遗"，代代相传。直到乾隆初年，还有江苏宝应进献"重大发现"，至今这枚玉印还收藏在故宫博物院。但很遗憾，并没有被乾隆帝列入皇帝印鉴正版套餐"二十五宝"中。

相关文物

中山靖王刘胜金缕玉衣，1968 年出土于河北满城汉墓，是我国考古史上首次发现的完整汉代玉衣。满城汉墓是两座依山开凿的巨型崖洞墓，共出土文物 10000 余件，其中长信宫灯、错金博山炉、镏金银蟠龙纹壶等尤为惹人瞩目。

而玉衣作为汉代最高规格葬具，按等级严格分作金缕、银缕、铜缕三等，偶有镏金铜缕、丝缕玉衣等特殊形制。

《三国志·先主传》记载，刘备是"汉景帝子中山靖王胜之后也"，但未有具体世系——这与《汉书》中说刘胜"有子百二十余人"造成的支脉庞杂形成微妙呼应。

中山靖王刘胜金缕玉衣

1986 年良渚反山 12 号墓出土的良渚玉琮王，通高 8.8 厘米，重达 6500 克。其四面琢刻了精细的"神徽"图案。此件象征着王权与财富。

良渚玉琮王

2001 年成都金沙遗址出土了太阳神鸟金箔，相当于商代晚期的文物。金箔厚度仅 0.02 厘米，重量 20 克。可能是古蜀人祭祀用的神器。2005 年，该图案被选定为中国文化遗产标志。

太阳神鸟金箔

三、我孝庄：帝王家的各种称号

如果在众多历史剧常见错误中，列个热度排行榜，大概某清宫剧的"我孝庄"能得第一。

"有我孝庄在，这天塌不下来！"

这台词大错特错了。谥号是死后才有的，自己在生前自称谥号，更像提前知道了盖棺论定的答案，急着抢答了。

"秦皇汉武、唐宗宋祖、一代天骄成吉思汗"，五位著名帝王，采用了三种不同的称呼方式。唐太宗和宋太祖以庙号称呼，汉武帝以谥号称呼，成吉思汗是尊号。

皇家人

"皇帝"这个词是秦始皇发明的，他认为自己"德兼三皇、功盖五帝"，各取一字，称"皇帝"。既彰显了并吞六国的丰功伟绩，也表达了开启一个新时代的满满信心。

秦之前，各朝君主称谓不同。夏朝君主叫"后"。商朝君主活着称"王"，死后称"帝"。周朝君主称"王"，也称"天子""天王"。战国时代，各国诸侯也纷纷称王，周天子直接被"透明"了。

一个小知识点。秦以后，"后"字专门指代帝王的正妻。现代简化字改革中，把"（皇）后"和"後（来）"都统一写成"后"。但是写繁体字时，不能把"皇后"写成"皇後"。

周代时，周天子的儿子、孙子称王子某、王孙某。诸侯的儿子，则称公子某。《左传》有："王子狐为质于郑，郑公子忽为质于周。"王子狐是周平王的儿子，名狐。公子忽是郑庄公的儿子，名忽。回绝楚庄王问鼎之轻重的王孙满，是周襄王的孙子，名满。

汉代之后，皇帝的儿子一般都会封王，则以其爵位来称呼。

皇帝的女儿，通常称公主。公主是个封号，均需要有正式册封仪式。清代公主分为两个等级，皇后所生的嫡女封固伦公主，嫔妃所生封和硕公主。当然只要皇帝愿意，也可给予超越制度的特殊封号。比如乾隆帝最小的十女儿是惇妃汪氏所生，但因为是乾隆帝老来得女，特别宠爱，直接封为和孝固伦公主，赐婚给和珅的儿子丰绅殷德。

随着皇帝的更迭，原本是皇帝女儿的公主，成为新皇帝的姐妹后，封号就变更为长公主。等子侄当了皇帝，再升级为大长公主。

公主的称谓也有"平替"。周天子的女儿，称"王姬"。王莽新朝时复古创新，称"室主"。宋徽宗再次复古，改为"帝姬"。

公主这个词经常与"和亲"搭配。但历史上货真价实的皇帝女儿去和亲的，只有唐代嫁到回鹘的三位：宁国公主（唐肃宗女）、咸安公主（唐德宗女）和太和公主（唐宪宗女）。其他历代和亲公主都是宗室女或功臣女，册封后以公主的名义嫁过去。

关于皇帝后宫，不展开介绍了，只说一个观点。影视剧、文学作品中擅长"宫斗"的"大女主"，其所拥有的地位，是从其血缘和婚姻关系中获得的，完全独立于自己的"大女主"是不存在的。掌握大权的后宫女性，往往要等到戴上太后的帽子，才能真正摸到权力的核心。

造名与避讳

帝王名讳的避讳制度，如文字狱的早期形态，一旦用错，罪过很大。

因秦始皇名"政"，改"正月"为"端月"。汉文帝刘恒登基后，"恒山郡"改称"常山郡"，连"姮娥"都变成"嫦娥"。唐太宗李世民更让六部之一的"民部"永久更名"户部"。今天故宫神武门在明代原为玄武门，是宫禁北门，清代避讳康熙帝玄烨，才改了名。

帝王们也有小名，很多还充满市井烟火气。

汉武帝的小名"彘（zhì）儿"，在先秦指野猪。汉代渐转为家猪通称，并非贬义。但只见于《汉武故事》，可能为东汉文人附会。

27

辛弃疾词中"寻常巷陌，人道寄奴曾住"，寄奴是南朝宋武帝刘裕的小字，因其母产前梦见被奴仆收留而得名；"佛狸祠下，一片神鸦社鼓"，佛狸是北魏太武帝拓跋焘的乳名，鲜卑语"勇士"音译。

一些帝王也喜欢改名字。

汉宣帝生长于民间，出生数月即遭巫蛊之祸，名病已，类似于"去病"，是汉代"取贱名避邪祟"的习俗。继位后，因为这两个字太常用，避讳极难，所以改为刘询。

唐肃宗李亨先后三次改名：初名李嗣升，取"承嗣升平"之意；后改名李浚，源自《尚书》"浚哲文明"；被立为储君后更名李玙，以美玉之德警示其恪守礼法；后又改，最终定名李亨。

朱温篡唐建梁后改名朱晃，取"日光照耀"之意抹去叛将过往。南唐后主李煜原名从嘉，因"嘉"字拆解为"士口力"，被相士认为有"困于口舌"之兆，遂改"煜"字求火德兴旺。

还有为了改名而造字的。

武则天为了表达"明月当空"，新创造了"曌"字，改名武曌。五代南汉高祖刘龑（yǎn），原名刘陟，为彰显天命，取《易经》"飞龙在天"之意，设计了"龑"字。

出个题，历代皇帝名字中，生僻字最集中的是两宋皇帝"赵家人"。看看这些字能读准几个？

北宋：匡胤、光义、恒、祯、曙、顼、煦、佶、桓

南宋：构、昚、惇、扩、昀、禥、㬎、昰、昺

28

年号尊号

皇帝和后妃，除了自己的名字，还有各类用途的称谓，在一起构成了帝后本人的标识体系。这些"号"可以分为两大类：生时如年号、尊号、自号；死后如庙号、谥号、陵号。

民国以前的官方纪年方式经历了两个时期。一是汉武帝之前，以君主在位年份标记。如《左传》以鲁国君主在位时间为主线，始于鲁隐公元年（前722），止于鲁哀公二十七年（前468）。

秦汉之时，汉武帝之前，记作秦王政某年、汉高帝某年。这些是君主死后史籍记录的用法，以区别不同君主。君主在位之时，号称王或皇帝。

汉武帝之后，则采用皇帝年号纪年方式。

后世记录下的汉武帝年号一共有11个：建元、元光、元朔、元狩、元鼎、元封、太初、天汉、太始、征和、后元。一种观点认为，最早的年号是开始于元鼎三年，之前的年号都是追认的。

皇帝厌倦了现行的年号，或有大事件要记录，或表达一种愿景，就给纪年赋予一个新词，称作改元。改元可以从第二年正月初一开始，也可以从当年的某月开始。后者意味着这一年有两个年号，分别属于不同月份。

有统计，从汉武帝的"建元"到清逊帝的"宣统"，共计800多个年号。这些年号，大多是两个字。也有三字年号，如王莽的"始建国"，梁武帝的"中大通"；四字年号，如汉光武帝的"建武中元"，唐武则天的"天册万岁"，宋太宗的"太平兴国"。最长的年号是六字，如南诏国的"贞明承智大同"，西夏的

"天授礼法延祚"和"天赐礼盛国庆"。

用年号最多的帝王是武则天。她称皇帝后在位 15 年,用了 14 个年号。在她临朝制时,中宗李显有 1 个年号,睿宗李旦用了 5 个年号。所以武则天实际统治的 20 年间,用了 20 个年号。

到了明清时期,皇帝一般只用一个年号。所以我们称呼明清皇帝,才常以年号称呼,如康熙帝、乾隆帝,或直接用年号代替。

使用最久的年号是康熙帝,他也是中国历史上在位最久的帝王,达 61 年。历史上使用最短的年号,一种说法是金国"盛昌",只使用了半天。这时金哀宗被蒙古军困于蔡州,即将城破国灭,临时将皇位传给宗室将领完颜承麟,以求延续。但城破之时,完颜承麟也死了。所以这个年号是否存在,也是问题。

可以准确知道的短命年号是明代的泰昌,还是"挤"出来的。在位 48 年的万历皇帝死了,儿子朱常洛继位后,过了一个月也死了。问题来了,按照改元的惯例,万历死后第二年才正式改元,现在也改不了。一个皇帝没有年号,总是显得不正式。于是大明朝廷研究后,就把万历四十八年(1620)一分为二,七月以前算万历,八月以后算朱常洛的年号"泰昌"。到了第二年再改年号为"天启"。

还有改没了的年号。咸丰皇帝病死避暑山庄后,遗命由儿子载淳继位,由顾命八大臣辅政,决定新年号为祺祥,于这一年改元。这时两宫太后联合恭亲王先动手了,抓捕了八大臣,杀的杀,流放的流放,贬官的贬官,两个铁帽子亲王的铁帽子也都给废了。史称"祺祥政变"。但祺祥这个年号,也给废除了,改为"同治",象征两宫太后与小皇帝共治。

更有凭空消失的年号。靖难之役后，朱棣取消了侄子建文帝的年号，将建文四年（1402）改为洪武三十五年。到了万历时，才又恢复了建文年号。

另有一个特殊年号，唐玄宗时的"天宝"。天宝三载正月朔，改"年"为"载"。即从实际的天宝三年开始，写为"天宝三载"，以此类推。如发生安史之乱的天宝十四载十一月初九日，即755年12月16日，是个寒冷的季节。

皇帝有了年号，天下就有了时间线。但皇帝当久了，也会总想多给自己几个头衔，固然皇帝二字本身就是无上权威，也仍然不够隆重。这就有了尊号。这个新玩法的盛行始于唐代。

唐高宗武则天夫妻，发明了"天皇、天后"的尊号。到了武则天时期，她有了一串的晋升头衔：

圣母神皇→圣神皇帝→金轮圣神皇帝→越古金轮圣神皇帝→慈氏越古金轮圣神皇帝→天册金轮圣神皇帝→则天大圣皇帝

这些都是生前拥有的。其后的宋、辽、金、元、西夏，大部分皇帝也都乐于拥有尊号。如唐玄宗的"开元天地大宝圣文神武孝德证道皇帝"，宋徽宗的"教主道君太上皇帝"。

除了皇帝给自己的尊号，周边国家或藩属也给实力强大时期的中原皇帝上尊号。如从唐太宗至肃宗、代宗时，唐代皇帝都被草原和西域诸国尊为天可汗。在更早的隋代，隋文帝被尊为圣人可汗。

也有反向上尊号的例子，这也算中原文化的输出吧。五代后晋是契丹（辽）扶植起来的。于是后晋给辽太宗上尊号为睿文神武法天启运明德章信至道广敬昭孝嗣圣皇帝。

除了这些隆重的皇帝尊号，有的皇帝本人也很愿意给自己取一些自用号，这两者之间，好比是朝服与便服的区别。但皇帝这些自号，很容易被忽略。比如：

宋徽宗，自号宣和主人。签名花押"天下一人"。

明嘉靖帝，号尧斋、雷轩，又号天池钓叟。

清雍正帝，自号破尘居士、圆明主人。

清乾隆帝，自号长春居士、信天主人，晚年自称古稀天子、十全老人。

除了自号，还有给自己封官的皇帝。喜欢玩闹的明正德帝，给自己改名为朱寿，再以皇帝名义给"朱寿"封官、委派差事。突然冒出来这样一位从未听说的"大干部"，让基层官员很迷惑。这位"总督军务、威武大将军、总兵官"下的命令，听还是不听？后来才恍然大悟，这是皇帝呀，那大家只好跟着一起装糊涂地玩下去。正德帝又继续给"朱寿"加官晋爵，封太师、镇国公，常驻宣化府，修了国公爷的府邸。更神奇的是，正德帝还给自己封了一个"大庆法王"，这是仿明代在西藏册封的三位藏传佛教法王（噶举派大宝法王、萨迦派大乘法王、格鲁派大智法王）。

庙号谥号

皇帝的死，称"崩"，也称"大行"。继任新皇帝主持办丧事的过程中，非常重要的一项是为"大行皇帝"拟定庙号和谥号。这两个称号最初的意义，都是对死去的皇帝给予客观评价，所以要慎重决定是否给庙号，选什么字作为谥号。

随着王朝更迭，这些都贬值了：每个皇帝都有庙号，谥号更都是一长串溢美之词，完全背不下来。

庙号，始于商代，是给死去的具有重大功绩的帝王所建祭祀庙宇的名号。所以最初只有极少数帝王才有庙号，能被永远单独祭祀。

庙号一般为两个字，某祖某宗。虽然是说"祖有功而宗有德"，但习惯上第一代是太祖或高祖，第二代是太宗，其后帝王只能是"宗"，极个别用了"祖"字。

周朝没有延续庙号制度，发明了谥号制度，这也是周公制礼的一项。谥号制度延续到清末，是朝廷官方对去世的帝王、后妃、诸侯王、重要大臣的"盖棺论定"的评价。这个评价不只是赞美之词，也有中间评价，更有差评。

一种观点认为，周文王及西周前期的武、成、康、昭、穆、共、懿，这些并不是谥号，是生前的王号，也可以理解为尊号。从周孝王后，才正式实施谥号。

秦始皇认为这种由继任君主和大臣们对死去先帝品头论足的模式非常不好，有失尊敬。于是果断取消了谥号制度，更没有"拿来"商代的庙号制度。明确规定今后大秦帝国的皇帝只按数字排号，他本人是始皇帝，继承人是二世皇帝，以及三世，乃至万世。

这万世和那万岁一样，如空中楼阁，秦代二世而亡。赵高杀二世胡亥后，立了子婴为帝。但子婴并不被认为是秦三世。

与秦代完全不同，到了汉代，不但恢复了谥号制度，又请出商代的庙号制度，兼而用之。在汉代，皇帝的庙号依然是奢侈品，不是人人都有的。平定七国之乱的汉景帝也没有庙号。到西汉末，复古改革家王莽为了凑齐七庙，给最近的三个不怎么样的皇帝也上了庙号。

到了东汉建国，光武帝刘秀重新认定，西汉就只剩下四个皇帝有庙号：太祖高皇帝刘邦、太宗孝文皇帝刘恒、世宗孝武皇帝刘彻、中宗孝宣皇帝刘询。请注意，刘邦的庙号是太祖，不是高祖，谥号是高皇帝，但因为司马迁《史记》中的用词，后世都习惯称他为汉高祖了。而其他三位的庙号也少有提及。

这个时期，皇帝的谥号还很简单，除了开国之君，核心一个字——加上"孝"字表示"以孝治天下"。同样东汉的庙号也很稀缺，最后确定的只有三位：世祖光武皇帝刘秀、显宗孝明皇帝刘庄、肃宗孝章皇帝刘炟。凑齐七庙的"和、安、顺、桓"四帝也曾有庙号，在汉献帝时被取消了。

进入三国，从曹魏开始，庙号就"通胀"了。几乎所有皇帝，只要不是被废黜的，都会被送上庙号。一些小王朝，还特别喜欢称"祖"，并没有几代，却都是"祖"。以曹魏为例，给曹丞相送上了太祖武皇帝，曹丕是高祖文皇帝，曹叡是烈祖明皇帝。之后的三位名义君主曹芳、曹髦、曹奂，则是被废、被弑、被迫禅让，没有帝王待遇了。

帝王谥号在唐代之前都是一字或两字，唐代开始变得越来越长。唐玄宗后期，决定将唐代各位先帝的谥号都改为七个字，如李渊"神尧大圣大光孝皇帝"，李世民"文武大圣大广孝皇帝"，各种美好词汇开始堆砌。

到了清代，已经背不下来了。最长的帝王谥号是努尔哈赤的，长达 25 个字"承天广运圣德神功肇纪立极仁孝睿武端毅钦安弘文定业高"皇帝。最长的皇后的谥号是慈禧太后的，23 个字"孝钦慈禧端佑康颐昭豫庄诚寿恭钦献崇熙配天兴圣显"皇后。

陵号

古代帝王死后的陵墓，是重要的国家工程。厚葬的王朝，大都是从皇帝继位后，就开始修建陵墓，预备万年吉地。皇帝在位久的，墓葬修修补补，会持续几十年。即便是薄葬的时代，帝王陵墓也是同时期规模最大的墓葬，其他人不能僭越。

汉代以后，帝王入葬，会为他的陵墓单独取一个名字，这个陵号也等同于帝王本身。刘邦葬于长陵，汉惠帝刘盈葬在安陵，这西汉最早的两座帝陵合在一起就是"长安"。当时还会选帝陵附近设置县级单位的陵邑，迁移权贵和富户来陵邑定居。渭河以北的咸阳原上还有汉景帝阳陵、汉武帝茂陵、汉昭帝平陵，合称"五陵原"。白居易《琵琶行》中"五陵年少争缠头"，即借此代指富贵人家的纨绔子弟。

《三国演义》中"高平陵之变"，是魏明帝的陵墓。因此事，司马懿死后，严禁其子孙为他上坟。西晋建立，追尊司马懿为高祖皇帝，其墓改称高原陵。成都武侯祠中有昭烈帝的惠陵，但世人皆知武侯祠，少人知惠陵。北京昌平有十三陵，是明代帝陵的聚集区，13 座帝陵各有陵号。最著名的是万历帝定陵，这是仅有的主动考古发掘的未被盗掘的古代帝陵。

相关文物

西汉皇后之玺是目前发现的唯一汉代皇后玉玺。新疆和田羊脂玉雕刻，高 2 厘米，边长 2.8 厘米，重 33 克。印纽雕刻螭虎，印文篆书"皇后之玺"四字（注意"后"字的写法）。

这枚印章是 1968 年 9 月，由当时 13 岁的少年孔忠良在咸阳的某处渠边发现的，后上交陕西省博物馆（今西安碑林博物馆）。因它的出土地点距汉高祖和皇后吕雉合葬墓东侧仅 1000 米，一种观点认为它很可能是吕后生前所用的印章。

金丝翼善冠在北京昌平明十三陵万历皇帝定陵出土。从上至下用 518 根直径为 0.2 毫米的细金丝手工编结而成。

西汉皇后之玺　　　　　　　金丝翼善冠

辽圣宗哀册在内蒙古巴林右旗辽庆陵出土。册文题首可见辽圣宗耶律隆绪的谥号：文武大孝宣皇帝。

辽圣宗哀册

四、奉天承运：圣旨、印玺、符节

历史剧中，常有各朝"太监"宣读圣旨的名场面。高昂着不长胡子的下巴，颤颤巍巍，缓缓展开黄色的卷轴，首先看到"圣旨"两个字，接下来公鸭嗓子高声朗读"奉天承运，皇帝诏曰"。

这千篇一律的圣旨开场白，却是错误的。

错误一，从明代开始，才有这个表述。

错误二，断句错了，正确的是"奉天承运皇帝，诏曰"。

额外一个小知识。太监这个词，在明代及以前是宦官体系中的高级官职（如司礼监太监），普通宦官称"内侍""中官"等。至清代"太监"才成为所有宦官的泛称。而把太监称"公公"也是在清代及以后的民间口语和文学作品中才出现的，并不是正式称谓。

圣旨诏令

民间将皇帝发布的正式公文统称为"圣旨"，其规范名称应为"诏令"。这种文书制度自西周确立以后，虽历代形制有所变化，但始终保持着准确传达皇权意志、彰显帝王威仪的核心功能。

全面了解诏令制度，要关注以下三类要素：

一是诏令的分类，及不同类别下的习惯用词；

二是诏令的起草、审核、批准和发布程序；

三是诏令的物质形态，包括书写材料、用印、尺寸、装帧等。

西周天子诏令分为"诰命"和"敕命"两种，是训诫勉励的文告。秦始皇统一六国后，定名号为皇帝，自称"朕"，命为"制"，令为"诏"。"制"是皇帝决策的泛称，多是重大事件、重要制度；"诏"则侧重于普遍性问题与针对性事件的具体处理意见。

汉代诏令细化为策书、制书、诏书、戒书四类：

策书以编联简册为载体，用于封赏诸侯、册立三公，其首尾常见格式"维某年月皇帝使某官某"与"钦哉毋替朕命"；

制书侧重颁布国家制度，形式上首句"制诏三公"；

诏书作为日常行政指令，内容简洁且时效性强；

戒书（戒敕）则专司训诫官员。

至唐代，诏令制度进一步系统化。《唐六典》记载，主要有七类诏令文书体系：

一是册书，用于册封皇后、太子及亲王；

二是制书，颁布改元、大赦等重大国政；

三是慰劳制书，褒奖功臣；

四是发日敕，处理日常政务；

五是敕旨，批复臣工奏请；

六是论事敕书，宣示政策；

七是敕牒，用于非正式指令。

唐代诏令文书的颁布，由中书省负责起草，门下省进行审核，封驳定本，交尚书省具体执行；颁行制书，多冠以"门下"二字，以示审核完成。

值得注意的是，唐代的诰命专封命妇，敕命授官授爵，与西周"诰""敕"的训诫性质已经不同了。

宋代诏令制度承唐制而更重程序制衡，凡政令"非经二府者（指中书门下和枢密院），不得施行"。

宋代敕命细化等级，五品以上用"诰"，六品至九品用"敕"。诰命扩展至官员封赠，发展出"告身"文书（任命官员的委任状）。

元代以蒙古语为官方语言，区分了圣旨与诏书，以"国语训敕者曰圣旨，史臣代言者曰诏书"。即用蒙古语直接记录皇帝命令的文书称为"圣旨"，文臣加工润色的汉文正式公文称为"诏书"。元代汉文诏书开头使用"长生天气力里、大福荫护助里、皇帝圣旨"的套话，是自蒙古语直译而来，意为"凭借长生天眷顾、凭借大福荫护助的皇帝的圣旨"。

明代自称"法天道、承天命"。所以明清两代，皇帝诏令通常以"奉天承运皇帝，制曰（或"诏曰""敕曰"）"起始，末尾以"咸使闻知"结束。注意这里的断句，"奉天承运、皇帝诏曰"是错误的。

清代皇帝诏令，也可以分为七种：

一是制书（国家制度性文书）。用于大典礼（册立皇后／太子）、大赦（如登基赦诏）、重大制度颁布等。首尾格式："奉天承运皇帝，制曰……""布告中外，咸使闻知。"

二是诏书（政令宣示文书）。用于改元、罪己、重大政策。固定结尾"布告天下，咸使闻知"。需要誊黄（以黄纸抄录）张贴各省城门。

三是诰命与敕命（封赠文书）。诰命（一至五品），封赠官员本人、父母及妻子（限两代），特例可追赠三代（需皇帝特批）。诰命夫人的称谓即由此而来。一品诰命五色织锦，三品以下用素锦。光绪后低品级改用纸质。敕命（六至九品），仅封本人及妻室，不得追赠祖先。

四是敕书（职务训诫文书）。可分为敕谕、敕命（已与诰命归为一类）。敕谕是针对特定官员或事件的训诫与指令，如整顿吏治、赈灾等，内容具体且具有强制约束力。

五是谕旨（日常行政命令）。谕旨体系最能体现清代行政效率的提升。明发上谕经内阁公开传达，内容多为赈灾拨款、科举取士等常规政务。廷寄密谕则由军机处密封后直达执行人，封面标注"军机大臣字寄某官，速办"。朱批谕旨由皇帝直接批示臣下呈递的奏折，字里行间，更能体现君主对臣僚的驾驭之术。

六是册书（册封凭证）。作为册封皇室成员与宗室贵胄的法定凭证，其材质、形制及使用规范都有严格的礼制等级规定。如清代规定：

皇后、皇贵妃、贵妃：金册、金宝

妃：银镀金册、银镀金印

嫔：银册、无印

贵人以下：仅颁诏书（黄绫墨书），无册印

亲王、亲王世子：金册、金宝

郡王：银镀金册、银镀金印

贝勒、贝子：银铜五成合金，无印

七是檄文（军事文书）。清代谕旨的物质形式与制书、诏书存在明显差异。制书与诏书作为昭告天下的礼制工具，其材质极尽考究。如康熙册立太子的制书采用江宁织造特供的五色云锦，以金线绣出十二章纹，边缘以靛蓝素绫包覆，展开时长达两米，需礼部官员双手捧持。诏书则多用黄麻纸誊抄，经椒汁浸泡防蛀，张贴于各省城门。

而谕旨体系以实用为本。明发上谕虽用黄绫裱边存档，但日常缮写仅为普通宣纸。廷寄密谕更追求轻便，选用江西铅山竹浆与苎麻混制的棉榜纸，紧急时甚至以双层薄绵纸黏合。如咸丰十年曾国藩在祁门大营接到的剿捻密谕，折叠成拇指大小的纸卷塞入竹筒，驿马疾驰六百里三日即达。

关于诏令书写，古代必须严格遵守"抬头"要求，以表示尊敬。可分为挪抬、平抬、单抬、双抬、三抬等多种：

挪抬指在人名及称谓的前面留一个字的空白；

平抬是更加尊敬的书写方式，用时将人名直接换行顶头；

三抬是另行高出三格书写，比双抬更加尊敬。

在皇帝的各种诏令中，又有两个很特殊的。

罪己诏：作为帝王危机公关工具，通常包含灾异检讨与政策调整。

遗诏：等同于皇帝的遗嘱，作为皇权交接的凭证。主要包括自我回忆、自我总结，明确继承人，并给予期望。但遗诏未必是去世皇帝亲自写或口述的。也可能是继任新君安排臣下重新整理颁布的，以强调其合法性。

清代诏书中"奉天承运皇帝诏曰"的抬格书写严格遵循三重等级规范："奉天"须三抬（首字前空三格），"承运"换行双抬顶格，末句"皇帝诏曰"单抬顶格。

懿旨

唐代皇后可发布与皇帝制书同级的"制书"，经门下省副署后具法律效力。宋代后权受程朱理学压制，皇后政令称"教旨"，需经中书门下审核且不得涉军事人事，宫廷指令降为"内批"，权力限于禁中。元代融合游牧传统，皇后蒙文命令称"懿旨"，汉地治理则发"令旨"，体现蒙汉二元并行。

明代强化皇权垄断：皇后仅能发"懿旨"处理宫廷事务，

严禁妃嫔发令，违者以"干政"论处。

清代皇后、皇太后发布"懿旨"；皇贵妃发"懿谕"，限宫廷事务，妃嫔以"令谕"（素绢墨书）责罚宫人，贵人以下无权发令。

清代宗室男性中，亲王颁"钧谕"治理旗务，郡王发"钧札"约束属人，贝勒以下无发令权。相较历代，唐代亲王"令书"可举荐官吏，元代宗室"令旨"掌军政。明代宗室亲王发"令谕"需经朝廷核准，郡王无独立文书权，仅能上奏"启本"。

玉玺套装

提到皇帝玉玺，很多人认为如今天单位公章一样，只有一枚。不是这样的。自古以来，皇帝的"印章"就是一套，有多枚。以不同的材质样式，刻制不同的印文，规定了不同的用途，以彰显皇室的威仪。而且这些玉玺并不一定是开国皇帝一次性刻制的，后嗣皇帝也会有增加。

皇帝的印章，在秦时称"玺"，到了唐以后，都称"宝"。有种说法是武则天觉得"玺"谐音"死"不吉利。

秦始皇时制"乘舆六玺"，印文分别是"皇帝行玺""皇帝之玺""皇帝信玺""天子行玺""天子信玺"。汉承秦制。至唐代增加为八玺，到宋辽再增加为十四玺，明代则为二十四玺。

明代的玉玺，已经没有实物传世。按记载，明初有宝玺十七，至嘉靖皇帝时，又新制七宝，合计为御宝二十四。此外，在明定陵考古发掘中，出土了万历帝后三人的四方谥宝，均龙钮、梨木制、不髹漆。

清代，乾隆帝在位时，发现宫里的玉玺有些乱。按档案记录，前几代传下来的，应该有二十九方，但查看实物却多达三十九方。于是他亲自进行整理，选定了二十五方作为正式玉玺，规定了不同的用途，存放于紫禁城交泰殿，称"二十五宝"。

二十五宝按功能分为国政、军事、人事、司法、皇室五类，材质以白玉（6方）为尊，次为碧玉（5方）、青玉（14方）。唯一木质"皇帝之宝"（栴檀香木）为日常行政特例，不入二十五宝之列。印纽分交龙（20方）、盘龙（1方）、蹲龙（1方）三式，祭祀用宝独享盘龙纽，赏赐用宝限蹲龙纽，其余政务皆用交龙纽，暗合"天—君—臣"的礼法秩序。

"大清受命之宝"仅限开国/登基（皇太极、顺治），而"皇帝之宝"钤印日常诏书达六成。

印玺的尺寸问题，在影视剧中是常见错误之一。秦汉之际的印鉴用于竹简封泥，尺寸有限，且印文阴文（白文）居多。之后历代印玺逐渐变大。

目前传世的古代玺印中，尺寸最大的是乾隆帝的"太上皇帝之宝"，印面是22.5厘米见方。这尺寸边长是汉代玺印的10倍，面积就是百倍了。

有时因特殊原因，皇帝的私印也被作为权力的象征。英法联军攻打北京时，咸丰皇帝跑到热河，最终死在了避暑山庄。临终前将两枚随身小印交给皇后钮祜禄氏和儿子同治帝载淳，一枚刻有"御赏"，一枚刻有"同道堂"，用于监督顾命八大臣。王公大臣拟上谕，需要加盖这两枚印章方能奏效。因为载淳年幼，"同道堂"印由他的生母慈禧太后叶赫那拉氏掌管。这两枚印也成为日后两宫太后垂帘听政的理由。

清代印玺还有特殊一例，溥仪退位诏书只钤印为"法天立道之宝"。这枚印章青玉质，仿二十五宝形制（交龙纽，12.1厘米见方，满汉篆文"法天立道"），首钤于1912年2月《退位诏书》，后用于张勋复辟《复位谕旨》（1917）及赏赐蒙古王公的文书。此印章被民国政府斥为"僭越违制"。1924年溥仪被驱逐出宫时，印鉴消失。这也是皇权在法理崩塌后徒留空壳的历史真相的见证。

虎符与持节

符节制度在中国古代是用来代表皇帝授权的重要工具，不同朝代的权力范围和形式各有变化。符节主要有两种形式：虎符与持节（钺）。

"信陵君窃符救赵"的故事，偷的就是虎符。

虎符的雏形可追溯至商周时期的玉璋、铜钺，此类器物作为军权象征，常见于祭祀与征伐仪式中。至春秋战国，中央集权制度催生符节体系。《周礼·叙官·掌节》载"山国用虎节，土国用人节，泽国用龙节"，虎形符节成为山地诸侯国调兵凭证。

秦汉虎符制度臻于严密，形成分级管控体系：郡国符仅能调动本郡兵力，朝廷中央符可跨区域调军。在防伪方面形成三重机制：错金篆书工艺（难以仿制）、榫卯唯一性结构（一符一榫）、差异化铭文（权限分级），确保军令不可篡改。

隋代符节形制多样化，"符节皆以铜为之，起鱼、兽之形"，

45

但未明确废止虎符。唐代全面推行鱼符制度，功能从纯军事扩展至官员身份认证。

宋代实行"枢密院—三衙"分权，调兵需枢密院铜符。而紧急情况下皇帝直接发御前金字牌，如绍兴十一年（1141）岳飞被十二道金牌召回临安。

元代彻底废止虎符，改以"铺马圣旨"与"金字圆符"为驿传凭证。

节、节钺、节杖是皇帝的另一种授权形式。如朝廷任命的外交官或是军官用以调兵遣将，或是官吏以之代天巡狩、行使皇帝诏敕。授予的过程仪式常被称为"假节"，被授予符节的大臣称为"持节"。

汉武帝赐苏武"使节杖"出使匈奴，这根"以竹为之，柄长八尺，以牦牛尾为三重旄"的节杖，既象征外交豁免权，也赋予其临机决断之权。苏武被匈奴扣押时始终紧握节杖，连杖头的牦牛尾装饰都掉光了，这个故事成了气节的象征。

三国时期，符节和斧钺组合成"节钺"，成为高级将领的特权标志。节即符节，钺是专用于帝王仪仗的斧状兵器，两者都是象征帝王权威的信符。

219年，刘备授予关羽"假节钺"，让他有权自主地发动战争。关羽后来攻打襄阳、樊城，俘房曹魏大将于禁，斩杀庞德，正是因为拥有节钺赋予的权威。

晋朝进一步把权限分级："使持节"可以斩杀郡守级别的官员；次一级的"持节"平时能处置平民，战时能杀官员；最低的

"假节"只能在打仗时处罚违反军令的人；而最高的假节钺（或假黄钺），可杀节将（含假节、持节、使持节）。

隋唐时期的"使持节"制度经历了从实质授权到名义加衔的演变。隋朝承袭北周旧制，都督、总管、刺史普遍加"使持节"称号，但已弱化为礼仪性头衔。唐高祖武德元年（618）明文规定刺史皆加"持节"之号。不过此时官员仅获颁铜鱼符作为调兵信物，不再授予象征专杀权的节杖。唯有玄宗时期设立的节度使例外，他们被授予"双旌双节"，既掌握军权又享有"专杀二千石以下"的司法特权，这种特殊授权最终成为安史之乱的重要制度诱因。

尚方宝剑

尚方宝剑在影视文学中被演绎为"先斩后奏"的皇权象征，但其历史原型与艺术加工存在差异。

尚方为秦汉时期少府下属机构，东汉时分为中、左、右三署，主造皇室器物。《汉书·朱云传》载朱云请汉成帝赐尚方斩马剑以斩佞臣张禹，虽未获准，却留下"尚方剑"的典故。不过汉代此剑仅为御用礼器，无实际使用功能。

宋代始现赐剑授权先例，据《宋史·曹彬传》载，太祖赵匡胤伐南唐时赐曹彬剑，令"副将以下不用命者斩之"，但执行程序缺乏详细记载。

明代万历后逐渐形成赐剑惯例，如万历朝鲜战争时赐邢玠尚方剑督师，崇祯朝袁崇焕获剑"五年复辽"，但均需特旨且限于军事领域，并需事后奏报。

清代以"王命旗牌"为法定授权信物。乾隆十三年（1748）将开国功臣遏必隆的佩刀赐傅恒，用以斩杀贻误军机的遏必隆之孙讷亲，实现"以祖刀斩其孙"的政治震慑。

王命旗牌，在明代初为军事调兵凭证，总兵官出征时由皇帝赐予，持此可指挥军队。至嘉靖、万历朝，发放范围渐广，但需与巡按御史共同用印。野史载云南巡抚曾用旗牌斩杀七品知县引发争议，反映了权力滥用风险，实际决策仍受中央监察。

清代改革旗牌制度，限定仅总督、巡抚可持"蓝缎方旗金书'令'字"并镏金牌，战时处决逃兵或紧急正法重囚时使用，但需事后题奏。非因战阵者损毁旗牌罚俸 6 个月。

尽管清代通过秋审收归常规死刑权，旗牌仍保留"先行正法"特权，形成了"中央定规—地方应急"的双轨制。

相关文物

出土文物里的"第一剑"——越王勾践剑，是春秋晚期越国青铜兵器巅峰之作，1965 年出土于湖北江陵望山 1 号楚墓。剑通长 55.6 厘米，宽 4.6 厘米，重 857 克。埋藏 2500 年后仍寒光逼人，剑刃可轻易划破 20 层宣纸。剑身菱形暗纹采用铜锡硫三元合金膏剂涂层工艺。剑首 11 道同心圆采用分铸错金技法，圆心偏差小于 0.05 毫米，展现了精密陶范铸造的水准。近格处鸟虫书铭文"戉王鸠浅自作用剑"，其中"鸠浅"与勾践古音通假。关于此剑流落楚地的原因，学界存在多派观点。或与楚越联姻，或作为战利品被楚将缴获，最终赏赐给墓主。

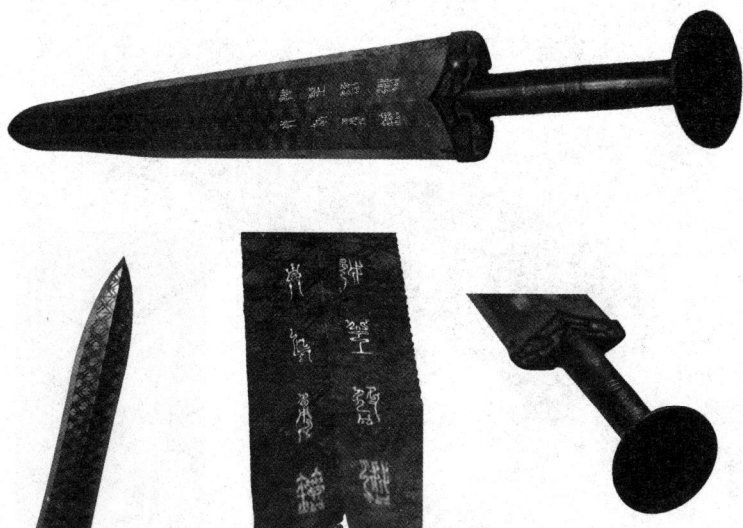

越王勾践剑

　　杜虎符为战国晚期秦国虎符，1975年出土于陕西西安南郊，仅存左半。伏虎形符身铸错金铭文9行40字，明确规定调兵50人以上须与国君右符合符验真，唯遇烽燧警报可免符先行。

杜虎符

唐昭宗乾宁四年（897）赐予吴越王钱镠的免死金牌。以生铁铸成瓦状，嵌金楷书333字，详载钱氏"恕九死，子孙三死"之殊荣。

钱镠铁券

五、山河结界：行政区划变迁

古代行政区划管理中，有个关键词——侨置郡县。

这是一种望梅止渴的记忆疗法，尤以东晋十六国至南北朝时期最为典型。当北方领土沦陷于游牧民族（如匈奴、鲜卑）后，南迁的汉人政权（如东晋、南朝宋）为了安置大量流亡士族与民众，在长江流域及以南地区仿照其北方原籍地重建州郡县，并沿用故土旧称，如将山东兰陵郡侨置于江南常州、徐州彭城郡迁至镇江，形成了"南徐州""南豫州"等"双头行政区"。

这种形式承载着移民对故土的眷恋，也是南朝政权宣示对中原"正统"的政治象征。

秦汉郡县

中国古代的行政区划，就像一块不断调整的拼图。从《禹贡》里模糊的九州划分，到明清时期明确的省府州县，每一次调整都是地方治理的思考和实践。这些地名变化不仅记录着权力怎么管人、收税，还藏着各地风俗融合的过往。

周代分封制以宗法血缘为纽带，建立"天子—诸侯—卿大夫"管理体系，经春秋战国 500 年兼并战争，最终被秦代郡县制取代。

郡、县的名称在春秋战国时期已经出现。春秋中期晋楚两国在边境设县（如晋国郧县、楚国申县），辖区面积远超传统封邑。战国初期，郡也作为军事防区出现，此时县仍高于郡。

秦始皇统一后，正式确立的郡县制，深刻影响了后世行政区划制度。学术界对秦郡总数尚有争议，主流观点认为初设 36 郡，后随疆域扩展增至 48 郡。

在黄河流域的郡县设置尤为密集。例如河东郡（今山西西南）、三川郡（今河南洛阳）等核心区域，辖境多在方圆三百里内，每郡下设十余县，形成"郡—县—乡—亭"四级管理体系，便于对人口稠密的中原地区实施精细化治理。

而长江以南则采取粗放式设郡：会稽郡横跨今苏南、上海及浙江全境，面积相当于北方三郡之和；桂林郡（含今广西大部）与南海郡（今广东）更是覆盖整个岭南地区。这种"北密南疏"的布局背后，是秦人对南方实际控制力的不足——即便修建灵渠贯通湘漓水系，也仍主要依靠军事据点维系统治。

差异化治理还体现在人事安排上：北方郡守多选自关中勋贵，

如内史腾（原秦国京畿长官）出任南阳首任郡守；南方则常见屠睢等武将兼任郡尉，实行军政合管。这种格局直到汉武帝时期才逐步改变，但秦代开创的"依人口密度设政区"原则，仍为历代王朝所沿用。

汉初郡国并行制，潜伏危机。诸侯王国占据大片疆域（如齐王领7郡），中央直辖郡仅15个。景帝时爆发七国之乱，虽镇压但未根除隐患。武帝推行推恩令，强制诸侯将封地分封诸子，使齐国等大诸侯裂解为数十个小侯国。武帝末年，中央直辖郡增至84个，诸侯辖地缩至单郡，彻底瓦解割据基础，郡县制成为统治核心。

汉代首创的州级建制深刻改变了地方治理结构。汉武帝元封五年（前106）将全国划分为豫州、冀州等13刺史部，每部派刺史"周行郡国，省察治状"，其职能仅限于监察郡守与诸侯王（如"六条问事"禁止干预地方行政）。这种"流动监察"制度持续近300年，直至东汉中平五年（188）为镇压黄巾起义，将刺史改设为常驻的州牧，赋予其统兵、征税、任官之权，致使州级单位由监察区彻底转变为行政区，形成"州—郡—县"三级体制。这种权力下放虽能暂时缓解起义危机，却埋下了汉末军阀割据的祸根。

唐道与宋路

隋唐时期的行政区划调整呈现周期性反复特征。隋文帝开皇三年（583）实施行政改革，全面废除郡级建制，确立州县二级体系。隋炀帝大业三年（607）复改州为郡，导致隋朝30余年间行政称谓频繁更迭。唐代延续这种调整传统，武德元年（618）复置州县，天宝元年（742）改州为郡，乾元元年（758）又复归州制。

真正创新在于唐贞观元年（627）创设道级监察区，初分全国为十道，设置采访处置使，相当于汉代初设的刺史。开元二十一年（733）增至十五道，按山河形便划分辖区。安史之乱前后，形成了以掌兵权的节度使作为地方行政长官的制度，但最终形成藩镇割据的政治困局。一个节度使管几个州，其辖区也叫道，形成了道—州—县三级行政区划制度。如范阳节度使安禄山兼领河北道。

府的出现，始于玄宗开元元年（713），将长安、洛阳升格为京兆府、河南府，天宝年间增设太原府，形成"三都府"体系，强化对核心政治区的控制。及唐末乾宁年间，全国十六府分属政治中枢（如京兆、江陵）、经济命脉（如扬州、越州）和边防要塞（如幽州、灵州）三类。府制自唐以降始终作为整合政治控制、军事防御与经济管理的枢纽。

宋代地方层级方面形成了"路—府/州/军/监—县"的三级体系。至道三年（997）将全国分为十五路，元丰八年（1085）扩展为二十三路。"路"本质是转运使的财税征管区划，刻意打破唐代"道"的军政一体传统，如将原江南道拆分为江南东、西两路，既防范地方势力坐大，又适应长江下游经济崛起。"府"作为特殊政区，在层级中兼具政治象征与治理实效：京兆府（长安）、河南府（洛阳）等"京府"延续了唐代都城地位；次一级的成都府、杭州府（南宋升临安府）则承担起区域枢纽职能。

宋代创新设置"军""监"特殊政区强化控制。军政合一的"军"集中于战略要地（如河北信安军、湖北荆门军），由文官知军统辖军民事务。资源专营的"监"（如湖南桂阳银监、福建龙焙铜监）直隶中央三司。于是形成路控财赋、军固边防、监掌资源的三维治理体系，既延续汉唐集权传统，又以制度创新规避了藩镇割据的风险。

辽代推行"五京道"行政体系，实质形成"因俗而治"的双轨制。南京道（今北京）等汉地实行州县制，而上京道（今内蒙古）保留部族制，契丹二十部以游牧千户为单位自治。这种"汉城归州县、草原属宫帐"的区划模式，使辽国能以有限官僚系统维系对400万平方公里疆域的控制。金虽仿宋设十九路（如山东东路、河东南路），但女真猛安谋克（世袭军事组织）与汉地路制始终难以兼容。这种制度撕裂最终削弱了金朝对地方的实际掌控力。

元行省与明三司

元代在整合金代"行台尚书省"与宋代路制的基础上，创立了行省制作为中央集权新范式。行中书省肇始于中统年间（1260—1264）的临时军事管制区，至元二十三年（1286）定型为常设地方最高政区，全国稳定为11行省。其空间布局突破自然地理单元，遵循"犬牙交错"原则：江浙行省横跨长江、钱塘江、闽江三大流域，将苏南财税区与福建军事要地捆绑；湖广行省辖境覆盖南岭南北，治所武昌（今武汉）同时控扼湘江流域与珠江上游红水河，从根本上瓦解了"凭险割据"的地理基础。

元代行政层级呈现复合叠压特征，主体结构为"行省—路—府/州—县"四级，腹里地区（中书省直辖）则细化为"省—路—府—州—县"五级。这种设计形成严密的垂直控制链：行省平章政事掌军政全权，路总管府达鲁花赤监督汉官，府级判官多由蒙古、色目人充任，形成了蒙官控府、汉吏理县的双轨治理。而

"以北制南"的体系，既通过层级分权消解地方反抗能量，又以蒙古本位维系统治集团特权，成为明清行省制度的直接渊源。

明代通过三司制衡、卫所戍边、双轨行政等制度创新，实现了广袤疆域的有效治理。洪武九年（1376）废元行省制，确立三司分权体制：承宣布政使司（民政）、提刑按察使司（司法监察）、都指挥使司（军事）形成省级权力制衡，其长官互不统属，开创了中国历史上首个省级分权模型。但三司分立导致行政效率低下，正统年间（1436—1449）始设巡抚总揽省务，至嘉靖朝（1522—1566）巡抚已成实际省级长官，形成"名义三司、实权巡抚"的二元结构。

明代地方行政实行"布政司—府—县"三级为主，"布政司—府—州—县"四级为辅的双轨制。直隶州（与府同级）可辖县，散州（属府管辖）亦领县，导致苏州府这类富庶区出现了"一府领七县一州，州再辖三县"的叠床架屋现象。

明代军事体系独立于民政，设21都司、2留守司统辖全国493卫、2593所。而羁縻卫所实施间接统治，乌斯藏都司（西藏）认可噶举派宗教领袖，仅定期收取"差发马"，努尔干都司（黑龙江）依赖女真头目纳贡貂皮。

中国古代边疆治理中的羁縻政策，历经千年形成独特制度体系。司马迁在《史记》中以"羁縻"喻指"马笼头"与"牛缰绳"的控制逻辑，唐代将其发展为系统的边疆管理模式：通过在西南、西北册封部落首领为都督刺史，授予自治权并开展茶马互市，开创了"因俗而治"的治理传统。宋元时期该制度升级为土司体系，至明代形成文武分途的规范架构——宣慰使、宣抚使等武职土司归兵部统辖，土知府、土知州等文职土司由吏部管理。"改土归流"作为边疆治理的转折点始于明代。永乐十一年（1413）平定思州、思南土司之乱后设置贵州布政司，开创武力改流先例；万历二十八年（1600）平定播州杨氏土司叛乱，终结其自唐乾符三年（876）起长达725年的世袭统治，析置遵义、平越二府。清代雍正四年（1726）云贵总督鄂尔泰借长寨事件奏请系统性改流，通过设置流官、清丈土地、编户齐民等措施，将世袭土司辖区逐步纳入行省治理体系。这项改革持续至清末仍未彻底完成，却为近代边疆治理奠定了制度基础。

清代区划

清代行政体系呈现复合层级特征，高层由总督、巡抚构成地方权力中枢，中层设道级监察机构，与府／直隶州行政单位，基层由县、散州、散厅执行政务，边疆地区实施差异化治理。清代府县分级采用"冲繁疲难"考语制度（冲：交通要冲；繁：政务繁杂；疲：赋税拖欠；难：治安难治），如苏州府获"冲繁疲难"四字考评，对应从四品知府配置；而边疆厅县多仅获"难"字，对应正七品知县。

八大总督体系构成清代跨省治理的核心框架。总督与巡抚形成制衡格局，前者主理军事，后者专司民政，形成"军政分离"的监督机制。军事布局方面，八旗驻防与绿营系统形成双重架构。漕运与河道总督作为特殊职位，体现了清代对经济命脉的重视。乾隆时期对道级建制的改革，原为临时派遣机构的"道"被纳入正式官制。道员分化为三类职能：分守道、分巡道、专业道。直隶州直属省级布政使司管辖，可独立管辖县。散州则隶属于府，不辖县。直隶厅与散厅均针对边疆与特殊地区的治理。直隶厅直属省级管辖，多设于战略要冲，具有独立的军政管理权。散厅主要负责专项事务，作为府级派出机构。

清前期拆分明代"两京十三省"，形成内地 18 省的格局。顺治二年（1645）将明代的北直隶改为直隶省，原南直隶则析设江南省，辖境涵盖今江苏、安徽及上海地区。康熙六年（1667）推行"大分省"战略，江南省被拆分为江苏（辖 8 府 3 州）与安徽（7府 3 州）；湖广省以长江为界，划为湖北（8 府）与湖南（9 府）；陕甘分治后，甘肃辖境西抵哈密。至乾隆中期最终形成直隶、山西、山东、河南、江苏、安徽、浙江、江西、湖北、湖南、福建、广东、广西、陕西、甘肃、四川、云南、贵州共 18 省格局，总面积约 380 万平方公里，集中了全国九成人口与赋税，构成了清代统治的核心区域。

在边疆区域，清代采取"军事控制 + 文化调适"的模式。作为统治集团满族发祥地的东北，实行"将军统旗、府尹治民"双轨制，直到清末发生根本转变。蒙古、西藏、青海、新疆与黑龙江布特哈（达呼尔、索伦、鄂伦春等族）被称为藩部，由理藩院管理。西宁办事大臣统辖青海蒙古二十九旗和玉树等四十族土司，常驻西宁（属甘肃省）。新疆实施伯克—军府双轨治理，伊犁将军为最高军政长官，节制喀什噶尔参赞大臣等。蒙古地区大致分为察哈尔、内札萨克蒙古、西套蒙古、外札萨克蒙古（包括土谢图汗部、赛音诺颜部、车臣汗部、札萨克图汗部）、科布多与唐努乌梁海，推行盟旗制度。定边左副将军，即乌里雅苏台将军，是清代蒙古、唐努乌梁海与科布多地方的最高军事长官。宣统三年（1911）末，因蒙古独立而终结。

两都五京

中国古都体系的形成与演变，经历了从单一中心到多京并立的复杂过程。传统认知中的古都体系存在多个版本：早期以西安、洛阳、南京、北京为"四大古都"；20世纪30年代学界扩展至开封、杭州，构成"六大古都"体系；1988年，安阳凭借殷墟遗址（前14世纪商代晚期都城）被纳入"七大古都"说。21世纪以来，郑州、大同、成都等相继加入，形成争议较大的"十大古都"序列。

唐宋之际是中国历史与地理文化的重要分水岭。长安与洛阳的双城体系构建起上半场帝国治理的双轴心，其互动模式随时代变迁呈现阶梯式演进的轨迹。长安作为汉唐帝国的心脏，自西周镐京（前1046）至后唐清泰三年（936）覆灭，累计承载13个王朝都城职能逾1100年。

洛阳作为华夏文明的次生核心，自夏代二里头（前18世纪）肇始，历经商西亳、周成周、汉魏故城至隋唐东都，形成"五都贯洛"的建都脉络。北魏时期（494）迁都洛阳后，在汉魏故城基础上重建了北魏洛阳城。武则天更以"神都"之名进行实际统治。

宋辽金三朝通过差异化的多京制度，实现了农耕—游牧文明的治理平衡。

北宋实行"四京制"：东京开封府为行政中枢，沿袭五代梁晋汉周的都城；西京河南府（洛阳）保留唐代宫室作为文化象征；南京应天府（商丘）依托宋太祖龙兴之地确立法统；北京大名府（河北大名）屯驻禁军8万防范契丹。

辽代"五京制"以上京临潢府为礼仪中心，中京大定府实际承担着政治功能。

金代在继承辽代部分建制的基础上，天德五年（1153）将都城从上京会宁府（今哈尔滨阿城）迁至燕京（改称中都大兴府，今北京西南），正式形成"一都五京"体系：中都大兴府（今北京市区西南）作为行政中枢，统辖中原汉地；上京会宁府（今哈尔滨阿城区）保留女真祖地地位，设留守司管理东北故土；中京大定府（今内蒙古宁城大明镇，辽代中京旧址）作为控制蒙古高原的军政枢纽；东京辽阳府（今辽宁辽阳）控扼辽东半岛；西京大同府（今山西大同）防御蒙古诸部；南京开封府（今河南开封）接管北宋故都，成为经略江淮的前沿基地。

自金贞元元年（1153）海陵王完颜亮迁都燕京（改称中都大兴府）起，北京开启了作为中国连续建都时间最长的古都历程。

元代在继承前代多京制基础上实行"三都制"：大都（今北京）作为主都统御全国，上都（今内蒙古正蓝旗）为避暑夏都，中都（今河北张北）则因元武宗猝逝仅存四年（1308—1312）。

明初洪武二年（1369）曾于凤阳营建明中都，终因工程浩大（征发工匠百万）于洪武八年（1375）废建。永乐迁都北京后，南京保留六部等机构形成"南北两京制"。清代彻底终结双京传统，仅以盛京（沈阳）为陪都。

相关文物

南宋《地理图》碑刻立于南宋淳祐七年（1247）。碑额篆刻异体字"墬理图"（"墬"即"地"），碑身分为地理图与图说两部分。地理图采用传统"计里画方"测绘法，以南宋版图为基础，北至黑龙江、长白山，西抵玉门关，南达海南岛，东临东海，绘制了海岸轮廓、主要山川（标注 120 余座）、河流（60 多条）、湖泊、长城及各级行政机构——包含 22 路、34 府、44 军、1 监，共标注行政名约 410 个。

此碑为现存宋代石刻地图中体积最大者，其符号标注系统早于西方制图学约 600 年，所载行政区划可补《宋史·地理志》之缺。

南宋《地理图》碑

李建成墓志，2012 年出土于西安郭新庄。

长安县前身为秦内史下辖的杜县（今西安西南）。西汉初年置长安县。唐初改隋京兆郡为雍州，长安县属雍州。玄宗天宝初年，改雍州为京兆府，辖长安、万年两赤县及 21 畿县。

赤县，指京都所在的县。以长安城中心南北向的朱雀大街（宽 150 米）为界，街西属长安县，街东属万年县。

赤县，也是中国的别称。

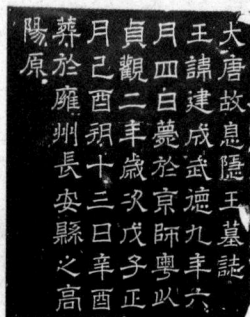

李建成墓志

沈阳城隍庙碑，年款是元至正十二年（1352），是记载有关"沈阳"这个建置名称的最早实物。元至元三年（1266）重建沈州城，并于大德元年（1297）升为"沈阳路"。这是"沈阳"两个字第一次以地名出现在历史上。

沈阳城隍庙碑

沈阳路城隍碑拓片

六、司马光的名片：官员职衔解读

某古装探案电视剧中，常有狄大人"扮猪吃老虎"后自报家门的名场面。如第一部：在下姓狄，名仁杰，并州人士，官同凤阁鸾台平章事，加黜陟使，兼幽州大都督，奉旨钦差，提调幽州一切军政要务！

也有他被武则天重新起用，授予一串头衔的名场面。如第四部：复狄怀英内史职，兼洛州牧，加葱山道行军大总管、流沙道行军大总管，并两道黜置大使，统领安西、北庭、昆陵、濛池四都护府，辖地内一切军政大权皆由其节度。遇不决之事，不必请奏，可行便宜之权！

网友在弹幕中戏称狄阁老是武周的"副皇帝"，那么这类头衔都是什么意思呢？

温公的名片

司马光的史学巨著《资治通鉴》卷首题署，完整展现了北宋元丰改制前的官僚身份体系：

端明殿学士兼翰林侍读学士朝散大夫右谏议大夫充集贤殿修撰权判西京留司御史台上柱国河内郡开国侯食邑一千三百户食实封四百户赐紫金鱼袋臣司马光

这套头衔体系类似现代公务员档案中的职务履历表，严格遵循《宋史·职官志》记载的五大要素：职事官、寄禄官、勋爵、食邑、赐服。我们依此框架重新解析。

职事官系统（实际职务）

端明殿学士：皇帝侍从顾问，可赴资善堂议政，并调阅龙图阁、天章阁藏书。北宋前期定为正三品，元丰改制后保留了品级。

翰林侍读学士：每年农历二月至端午、八月至冬至，逢双日入迩英阁为皇帝讲读。可接触《迩英延义记注》等帝王读书笔记，为《通鉴》编纂提供独家视角。

右谏议大夫：天禧元年（1017）前属门下省，后独立设谏院。虽渐成寄禄官，但保有"封还词头"的公文审核权。

集贤殿修撰：通常须历馆阁校勘等职，但特殊人才可破格提拔。可征调地方州县志书，据《资治通鉴考异》载，编纂期间调用地方志 89 种。

寄禄官系统（待遇等级）

朝散大夫：元丰前为文散官第 14 阶（从五品下），改制后转为新寄禄官正七品。俸禄：月给料钱 35 贯、春冬绢各 10 匹，年俸合计 420 贯。

权判西京留司御史台：但西京御史台常置管勾官 1 人，"权判"属名誉监管，但可凭"传符"调用递铺，用于加急史料传递。

勋爵系统（荣誉等级）

上柱国：十二转勋级最高等，享正二品仪仗（朱漆革带、云鹤纹伞盖）。按《宋会要辑稿·勋级》，截至熙宁九年（1076），共授 42 人，多为宰执重臣。

河内郡开国侯：在北宋爵位序列，为十二等爵第八级（王→嗣王→郡王→国公→郡公→开国郡公→开国县公→开国侯→开国伯→开国子→开国男→封君）。"河内郡"仅为名号，无实际管辖权。

食邑制度（经济待遇）

虚封食邑：折算规则：名义食邑 1300 户，每户岁给绢 1 匹，按市价折钱常不足额。

实封特权：25 文 / 日 ×400 户 ×360 日 =36 贯（免征赋役）。

熙宁七年（1074）汴梁米价 700 文 / 石，可购米 51 石，相当于十口之家年消耗量。

赐服制度（政治特权）

赐紫金鱼袋：司马光本职务官阶从五品下应服绯（深红色），景祐三年（1036）后五品以上方许"借紫"，此系特例。

鱼符功能：出入宫禁时，左半鱼符与宫中右符契合。也可凭鱼符征发驿马、调用库物。

司马光还有一个实际差遣上述署名中未提及，即"提举西京嵩山崇福宫"，这是宋代特有的"宫观闲职"。自真宗崇道始，朝廷为安置政见不合者或优待重臣，特设道教宫观管理职位，名义上提举宫观事务，实则无须履职，俸禄照领。

司马光于熙宁四年（1071）获此任命，表面看似贬谪洛阳，实则是神宗对其变相保护：既免其与新党正面冲突，又保留从五品下的朝散大夫待遇，更赋予调用驿马传递史料的特权。这种"食禄而不任事"的弹性制度，使得司马光能在洛阳独乐园潜心19载，其团队年耗的800贯经费中，近半数正源于此职的职钱补贴。

宰相

元丰八年（1085），司马光以"尚书左仆射兼门下侍郎"之名拜相，这一头衔背后是元丰改制的深刻变革。改制后，三省（中书、门下、尚书）虽名义并存，但实权尽归尚书省。司马光的核心权力源自"平章军国重事"特授，可召集三省合议，其奏疏直达御前，甚至能驳回枢密院军事决策——这种集权模式，实为宋代皇权强化与相权妥协的产物。

同时代，王安石拜相之路则更具变法特色。熙宁三年（1070），他以"礼部侍郎、参知政事"衔迁"同中书门下平章事"，成为变法派的核心。其权力不仅来自职务，更依托新设的"制置三司条例司"。这一临时机构绕过中书门下，直接推行青苗、免役等法。熙宁九年（1076）罢相后，王安石保留"观文殿大学士"贴职，享从二品待遇，食实封一千户，仍可参与经筵讲读。这种"使相"制度，既保全重臣颜面，又防止其干预朝政，堪称宋代政治平衡术的典范。

我们来系统地看一下古代宰相制度的变迁。

"宰相"只是通称，历史上中原王朝并没有这个职位，前期多称丞相、相国，后期以其他机构和职务代替。唯一特例是，辽代在北面官系统中（管理契丹部族）设置北、南宰相府。

秦汉三公九卿制度中，以丞相为首。秦代丞相"掌丞天子，助理万机"，开府治事，属官 300 余人，其权力之盛可见一斑。

汉武帝设尚书台，以"内朝"架空丞相，开皇权压制相权之先河。东汉光武帝设"录尚书事"，以太傅、太尉等重臣领衔，形成"虽置三公，事归台阁"的局面。至曹魏时期，中书监令执掌机要，侍中渐掌封驳，三省雏形初现。

隋唐时期确立的三省六部制，本质上是皇权与官僚体系动态平衡的产物。隋代初创中书、门下、尚书三省架构，至唐初形成定制：中书省起草诏令，门下省审议封驳，尚书省通过六部执行政令。唐太宗贞观十七年（643）以"同中书门下三品"头衔授予太子詹事李勣，开创低品官员入政事堂的先例，而尚书省长官尚书令因李世民曾担任而永久虚置，左右仆射须加此衔方为宰相。至高宗龙朔二年（662），明确规定未加"同三品"的仆射不得参与中枢决策，相权彻底脱离尚书省。武则天执政时期，改中书省为凤阁，门下省为鸾台，宰相头衔相应变为"同凤阁鸾台"。玄宗开元年间恢复旧制，将"同中书门下平章事"定为标准加衔。

安史之乱后，由翰林学士专掌机密"白麻诏书"，宦官势力通过枢密使职位渗透军权，三省制向多元决策体系转型。

宋代创立"二府三司"体制：中书门下掌行政、枢密院统军事、三司使管财政，宰相头衔固定为"同中书门下平章事"。元丰改制试图恢复三省制，却使尚书省独揽大权，左、右二相分掌政务，枢密院仍独立运作。这种"军政分离"的设计，既防范权相，又保证效率，但至南宋时，权相史弥远、贾似道等仍能通过控制台谏，结交内侍专权。

元代短暂恢复中书省宰相制，中书令多由皇太子虚领，实权在右丞相（蒙古人）、左丞相（色目人或汉人）手中。至元二十八年（1291），中书省辖六部，统领百司，其权力堪比汉之丞相。但这种草原传统与汉制的结合终难持久，相权膨胀最终引发元末权臣乱政。

明初沿袭元制设中书省，置左、右丞相总理政务，李善长、胡惟庸等先后任左丞相。洪武十三年（1380）太祖借胡惟庸案废丞相，六部直隶皇帝。短暂设立的"四辅官"仅存 11 个月即废，永乐年间形成的内阁制，以"票拟"参与决策。嘉靖时，严嵩以首辅之尊专权 20 载，其权力远超历代宰相——可批红奏章、任免督抚，甚至操纵科举。但内阁始终非正式衙门，首辅权力完全依赖皇帝信任。

清初沿袭明制设殿阁大学士制度。康熙十六年（1677）设上书房，择翰林官授皇子经史，渐成帝王咨询议政之所，如张英、高士奇等上书房行走大臣，虽无宰相之名，实参机要。至雍正设军机处，内阁大学士沦为荣誉虚衔。但军机大臣"只供传述缮撰，而不能稍有赞画于其间"（赵翼《檐曝杂记》），然通过"廷寄"密旨制度，其实际影响直达地方督抚。这种"有相权之实，无宰相之名"的形态，标志着传统相权的彻底异化。

从秦汉三公到明清阁老军机，宰相制度演变的核心是皇权收编治理能力的过程。当张居正以内阁首辅推行万历新政时，其权力虽无丞相之名，却通过考成法掌控六科给事中，借"一条鞭法"重构财政，达到相权实际运作的巅峰——这种名实分离的权臣模式，正是皇权专制深化的镜像。

宰相制度的消亡并非治理技术的退化，而是中央集权走向极致的必然，其千年兴衰为现代政治留下了深刻的权力制衡启示。

三公三师

司马光去世后，苏轼奉敕撰《司马温公神道碑》，原碑毁于宋金战火，现存金代复刻的"杏花碑"。碑文载其身后哀荣："赠太师、温国公，襚以一品礼服，谥曰文正。"

宋代官制中，太师属三师（太师、太傅、太保）之首，位列三公（太尉、司徒、司空）之上，系正一品加官，非实职而示尊崇。

"三公"与"三师"源于周代，是后世对周制的附会重构。至秦代丞相、太尉、御史大夫分掌行政、军事、监察，被《汉书》

追认为"三公"，然秦人并无此正式统称。

西汉成帝改官制，大司马、大司徒、大司空鼎足而立，至东汉定型为太尉、司徒、司空，形成"坐而论道"的仪式化高层架构。

东汉末年，袁绍在讨董檄文中自诩"四世三公"以彰显正统性，恰说明三公头衔在汉末已蜕变为门第符号。门阀通过经学传承与察举垄断，形成"以经术续簪缨"的士族政治模式。

唐代三师（太师、太傅、太保）与三公（太尉、司徒、司空）虽同列正一品，但依《唐六典》规定，三师在朝会班序中居三公之上，彰显"以道为尊"的礼制。三公侧重褒奖现实功绩，常授予执政宰相或统兵重臣，如房玄龄以太尉衔总领朝政，郭子仪以太尉兼中书令掌兵权；三师则多追赠逝者，以"崇德报功"为准则，如李晟卒后追赠太师，孔颖达因儒学成就得谥太师。

二者晋升次序泾渭分明，三公可生前加授，三师非特例不授生者。郭子仪生前以太尉（三公之首）立勋，建中二年（781）薨后追赠太师；李光弼因广德二年（764）仆固怀恩叛乱后需安抚朔方军，七月加太保（三师之末），然八月病逝，实为临终殊荣。终唐一代，生前获三师者仅20余人，且多涉特殊政局。

元代出现了特殊的"实权太师"，成吉思汗封木华黎为太师国王，"俾建子孙旗鼓"，总揽华北军政，但至元中后期太师复归虚衔。

明清虽沿用太师、太傅、太保为三公之名，然其制已与古制迥异。明代定制三公为文臣至高荣衔。洪武三年（1370）李善长以开国首功授太师，开明代三公之端；万历十年（1582）张居正以首辅兼帝师获授生前太师，然其死后两年遭万历帝褫夺，40年后天启元年（1621）方复赠。武臣中张辅、朱永等亦得生前太师，足见明代三公实为皇权制衡文武之器。严嵩虽擅权20载，最高仅至少师兼太子太师，终未跻身三公之列，足证此衔之矜贵。

除三师三公外，还有三少（少师、少傅、少保）与太子东宫加官体系（太子太师、太子少保等），承载着"帝王师道"的礼制理想，却在实践中异化为政治权术的精致载体。

谥"文正"

谥号不仅是给皇帝的，也授予诸侯、大臣。能得到谥号的大臣，都是"高级干部"，或因特殊事件、特殊时期被皇帝特别关注。按清代制度，只有一品官员去世，才按例请皇帝决定是否授予谥号。但规矩之外总有特例，北洋水师中军中营副将、致远舰管带邓世昌虽是二品武职，却在甲午海战中壮烈殉国。光绪帝亲撰挽联"此日漫挥天下泪，有公足壮海军威"，追赠太子少保，特赐"壮节"谥号，彰显其以弱搏强的忠勇。

大清亡后，逊位的溥仪仍延续着谥号传统。国学大师王国维曾任溥仪"南书房行走"，获五品虚衔。1927年自沉昆明湖后，遗老们附会"殉清"之说，溥仪便追谥"忠悫（què）"。"忠"字易解，"悫"却暗含深意——既赞其治学笃实，又隐晦回应自杀之谜。这两个谥号在等级序列中都不算顶尖，却折射出时代巨变下谥法制度的尴尬延续。

宋明清三代重文轻武，文臣以得"文"字谥号为荣。北宋仁宗欲赐夏竦"文正"，司马光言："此谥之至美者，竦何人，可以当之？"以"奢靡无度"为由反对，最终改谥"文庄"。清代"文正"谥号更趋严苛，200余年仅8人获此殊荣。刘统勋因"得古大臣风"被乾隆特旨追谥，曾国藩则以"克复金陵"之功获此哀荣。有趣的是，汤斌谥"文正"在死后50多年才由乾隆追赠，而曹振镛的"文正"谥号则饱受"名不副实"的争议。

武职谥号以"武"字开头，徐达的"武宁"、常遇春的"武毅"皆属上谥。但最尊贵的通谥当属"忠武"，此谥始于汉莎车王延，诸葛亮因"鞠躬尽瘁"得之，岳飞则经历代追谥方获此荣。有趣的是，曹魏追谥司马师"忠武"，实为司马昭篡位前的政治作秀。谥号背后，往往藏着权力博弈的暗流。

配享太庙

对于古代大臣而言，比谥号还难得的是"配享太庙"。某电视剧中一位"长辈"经常挂在嘴边的话，如今成了一句网络梗。谥号覆盖面大，高级谥号也多，想把牌位放进太庙，则少之又少。

古礼中强调"天子七庙"。这七庙，是主要祭祀的七位，即创业的太祖一代，加上现任帝王亲缘关系最近的六代祖先（三昭三穆）。汉之后又提出"四亲庙"，除了有祖、宗称号的祖先是要永远祭祀的，也要为最近四代的先人立庙祭祀。当在位君主去世后，他将进入"四亲庙"，而将他的曾祖给挤出去了。那些不在七庙，或永远祭祀的祖、宗庙的祖先们，统一归入"祧（tiāo）庙"祭祀。

今天北京故宫前方东侧的劳动人民文化宫，即明清时期的太庙所在。其位置与西侧社稷坛相对称，即皇宫格局上的左祖右社。现存太庙主体建筑有三座，包括前殿享殿，举办祭祖大典的地方；中间寝殿，供奉太祖及以下历代帝后神牌（这时已经不限制于七庙了）；最后的祧殿，供奉太祖之前的更早祖先，他们也被追认为皇帝。

最初的太庙只供奉帝王的神位，西晋以后才将去世的皇后、宗室和大臣的神位放在太庙中一并祭祀，这在古代是大臣们能够享受到的最高的政治待遇。

清代唯一汉人配享太庙的是张廷玉，这个待遇是雍正帝在世时承诺的。到了乾隆朝，张廷玉多次提醒乾隆帝"你爸承诺过我配享太庙，你千万千万别忘了（玩笑）"，并多次辞职，让乾隆帝很反感，便找了理由惩戒这位老臣，削去了伯爵，取消了配享太庙的"期权"。张廷玉灰头土脸地回到老家，5 年后，以 84 岁高龄去世。乾隆帝还是遵照他爹的承诺，兑现了张廷玉配享太庙的待遇。

有几部架空剧，内容上倾向于北宋时期。剧中，常有角色祖上配享太庙。而历史上宋仁宗的曹皇后，其爷爷曹彬、四伯父曹玮，都是宋代著名将领，死后得以配享太庙。当然曹皇后的弟弟更厉害，直接"飞升"了，他就是八仙故事中的"曹国舅"。

相关文物

王安石的《书楞严经旨要卷》，纵 29.1 厘米、横 1192 厘米，传为王安石 64 岁时所书。文本节录自其《楞严经疏解》。

作为改革家的王安石，一生中两次拜相，两次罢相，但始终享有顶级官位。《宋大诏令集·王安石赠太傅制》说：

> 故守司空、观文殿大学士、荆国公王安石……遽闻薨逝。宜加优典，以示褒崇。……可特赠太傅。

宋徽宗时，再赠太师，谥"文"，配享太庙（神宗庙）。宋钦宗和高宗时，又被撤销谥号、罢配享。看来风口浪尖的政治人物，纵使盖棺也很难论定。

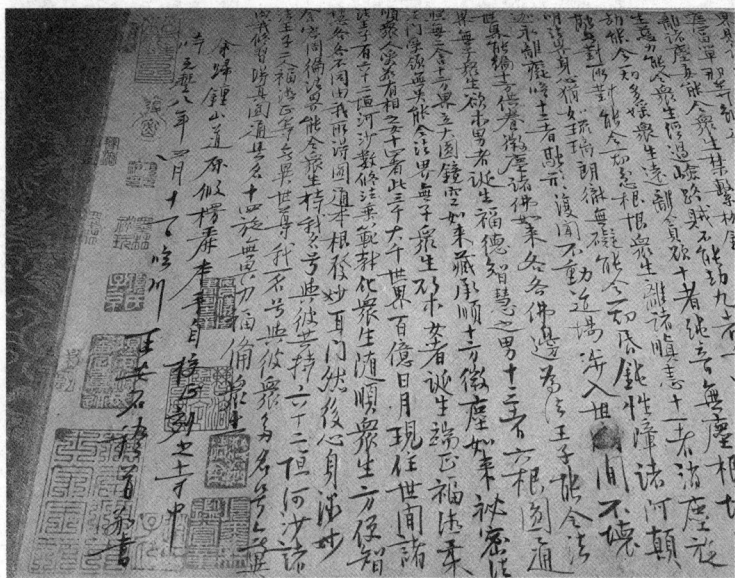

王安石《书楞严经旨要卷》

清乾隆时期立汉武帝茂陵碑，上款为：

赐进士及第兵部侍郎陕西巡抚兼都察院右副都御史加五级毕沅敬书

汉武帝茂陵碑

《辛丑条约》上，李鸿章的签名花押落款头衔为：

大清帝国钦差全权大臣便宜行事太子太傅文华殿大学士北洋大臣直隶总督部堂一等肃毅伯

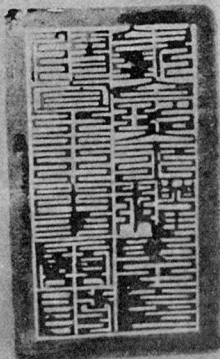

Un exemplaire sera remis à chacun des Plénipotentiaires étrangers et un exemplaire sera remis aux Plénipotentiaires chinois.

Pékin, le 7 Septembre, 1901

《辛丑条约》签名

七、祖宗十九代：姓名与宗族

古代大家族的辈分字中，最复杂的是朱元璋给子孙定的规矩。朱元璋祖先的名字很简单，父亲朱五四、爷爷朱初一、太爷爷朱百六。朱元璋本人原本叫朱重八，元代典型穷苦人家取名的数字系列。在他当了皇帝以后，对后代名字来了个大逆转。

朱元璋给二十四个儿子和一个亲侄子的后代，分别设定了二十个辈分字，各小家单独论。所以看明代宗室的王爷们的名字，同一辈分，如果不是一个小宗，辈分字也是不同的。而朱家皇室子孙从第三代开始都是三个字名字，除了第二个辈分字，第三个字也有规矩，偏旁部首必须按照"五行相生"的顺序。朱棣是木，朱高炽是火，朱瞻基是土，朱祁镇是金，朱见深是水，到了朱祐樘（chēng）又是木，开始一个新的循环。

一个严重问题是，明代宗室太多，都要五行部首，字不够用，就出现了很多生僻字。有的至今电脑也打不出来，更多的是为了元素周期表金属元素的汉字名称作了直接贡献。

姓名字号

古代姓氏名字号体系承载着数千年的宗法伦理与社会变迁。

在母系氏族社会时期，"姓"作为血缘标识应运而生，姬、姜、姒等带"女"旁的古老姓氏，不仅印证着对女性生育力的崇拜，更勾勒出早期氏族社会的图腾记忆。例如，《说文系传》释"姬"为"黄帝居姬水，因水为姓"，将姓氏起源与自然地理紧密相连。

随着周代分封制的推行，"氏"成为贵族身份的新符号。诸侯以封地为氏，如卫鞅因封于卫地得名；卿大夫以官职为氏，如司马氏源自掌管军马的官职。这种"男子称氏，妇人称姓"的制度，在《礼记·大传》中有明确记载："百世不迁者，别子之后也；宗其继别子之所自出者，百世不迁者也。"通过姓氏区分大宗小宗，维系着严密的宗法等级秩序。

春秋战国时期礼崩乐坏，商鞅因功封于商地而改称"商鞅"，标志着姓氏逐渐合流。至秦汉时期，随着中央集权的强化，姓氏最终固定为全民共有。《汉书·地理志》记载："秦灭诸侯，唯楚尚有滇王。"可见即便在边陲地区，姓氏制度也已普及。

汉魏以后，古人姓名体系形成了"姓、名、字、号"的多维体系，"名以正体，字以表德"，号以寓怀。

婴儿出生三月后由父母取名，常寄托祛病消灾的愿望。汉代霍去病、宋代辛弃疾之名，暗含"以名克病"的巫术思维，这种命名习俗在《礼记·内则》中即有"三月名子"的记载。

男子二十冠礼取字、女子十五及笄取字的传统，构建起名与字的表里关系：诸葛亮字孔明属并列式，彰显智慧；韩愈字退之取反义式，暗含自谦；苏轼字子瞻则源自《左传》"登轼而望"的典故，寄托远志。

文人雅士自取别号的风尚始于魏晋。陶渊明号五柳先生寄托隐逸之志，欧阳修号醉翁彰显洒脱性情，而平民阶层则发展出"浪里白条"等诨号文化。

宗法制度深刻影响着姓氏传承。周代确立的"同姓不婚"原则在唐代被写入《唐律疏议》，违者将受两年徒刑。但民间常以改姓通婚（如安徽歙县方氏改李姓）或异姓结拜（如闽南虚拟血缘）等方式变通，形成"名义亲属"的特殊社会网络。

平民命名折射出世俗生活的智慧与困顿。物象寄托充满生存哲学；铁柱、石锁寓意坚固；狗儿、阿猫遵循"贱名易养"观念；宋代户籍中的陈麦子、王碾玉等名则直接标注职业。

宗教元素也渗透其中，元代盛行的观音奴、金刚保等佛教色彩名讳，与明清道士常用的守一、玄真等名共同构成民间信仰图谱。

阴阳五行学说催生了补缺命名法，鲁迅笔下的闰土因五行缺土得名，朱熹之名中的四点水部首在古文字中属火，暗合"木生火"的相生之道。

儒家伦理通过名字具象化，魏忠贤、张孝廉等名直白传递道德训诫，王安石、司马光等名则寄托经世理想。

政治力量更深度介入命名，王莽推行"单贵双贱"政策导致三国时期几乎全为单名，《三国志》中记载的556人中，单名占比高达99.3%。

待字闺中

先秦时期，贵族女性命名严格遵循"夫谥冠姓"礼制。郑武公之妻被称作武姜（武为郑武公谥号，姜为本姓），晋文公之妻被称作文嬴（文为晋文公谥号，嬴为本姓），此类命名法通过夫家谥号与母族姓氏的结合，构建出明确的身份标识体系。据《春秋》经传记载，此类命名规则仅适用于诸侯公室女性，卿大夫阶层女性则多以父氏为本，如"孔姬"（孔氏女）等。

汉代女性名字呈现趋吉避凶与尊称并用的特征。卓文君、许平君等"君"字称谓实为民间对贵族女性的尊称，并非正式名字。班昭本名"班姬"，因才学获赐"昭"字；蔡琰字昭姬，"昭""琰"均含光明之意，体现了汉代命名"追慕美德"的取向。马王堆汉墓出土简帛中"辛追""避夫人"等名，则展现了民间"取贱名易养"的习俗。

魏晋至唐代，宗教文化深度介入命名体系。独孤伽罗（伽罗为梵语"香炉"）、鱼玄机（玄机含道教玄妙）等名彰显宗教浸润；李师师、苏小小等叠字名源自市井"排行命名法"，如"李师师者，汴京名妓李姥之季女"，以技艺排行命名。敦煌文书中"张阿香""宋二娘"等名，印证了民间命名的生活化特征。

宋代理学兴起后，女性名字被纳入道德教化系统。朱淑真《断肠集》自序"每临文而寡悔"，其名"淑真"与作品形成互文；章丽贞等名中"贞"字，直接呼应程颐"饿死事小，失节事大"的伦理思想。据《宋史·列女传》统计，宋代贞洁烈女名字含"贞""节"者占42%，折射出道德规训的强化。

明清时期，女性名字呈现雅俗分野。杨玉香、陈菊花等花草意象名反映平民审美，而才女群体刻意突破窠臼——柳如是之名源自辛弃疾"我见青山多妩媚"，贺双卿嫁后自号"雪立"，以"立雪程门"典故明志。李渔《闲情偶寄》主张"女子名字宜雅不宜俗"，折射出文人阶层的审美倾向。

正史女性留名比例悬殊，清代赵翼《廿二史札记》统计显示，正史留名女性不足男性 1/9。宋徽宗 34 女皆无名，仅作"赵氏（佶女）"标注，凸显制度性歧视。明代《会典》更明确规定"宗室女皆不录名"，将贵族女性亦排除在历史书写之外。

冠夫姓制度历经千年演化。周代"妇从夫氏"为礼制规范，汉代《白虎通》将其法典化。李清照《金石录后序》自称"易安居士"，官方文书仍作"李氏"；顾太清晚年恢复本姓，反映了清代制度的弹性。1950 年《婚姻法》第十一条明文废除该制，标志女性姓名权的法律确立。

女性姓名权的博弈本质是身份等级的外化。唐代《唐律疏议》规定"奴婢贱名可任由主家更改"，《红楼梦》中袭人改自"珍珠"，香菱被改作"秋菱"，皆为主权者对附属者的符号支配。宝玉戏改芳官为"耶律雄奴"，黛玉为丫鬟取名"紫鹃"，更凸显了姓名作为身份标签的象征意义。这种权力关系，在《儒林外史》鲁小姐为丫鬟取名"双红""双绌"的情节中，亦得到生动的诠释。

赐姓改姓

帝王赐姓作为古代政治权谋的重要载体，始终与皇权运作紧密相连。汉代刘邦赐项伯刘姓，唐代李世民赐徐世勣李姓，表面是皇室恩宠，实则通过宗法纽带强化君臣依附，将异姓功臣纳入统治集团核心层。

南明隆武帝朱聿键为表彰郑成功抗清功绩，于 1645 年赐其朱姓并封"国姓爷"，这一称号既是对抗清廷的政治符号，也暗含对明代宗法体系的延续之意。不同政权对姓氏的操控策略，映射出中华文明圈内多元文化力量的此消彼长，姓氏作为文化基因载体的意义在此展现得淋漓尽致。

这种政治权谋在历史长河中展现出多维面向。武则天将政敌改姓"蟒""枭"等凶煞字眼，更将姓氏异化为精神诛杀工具，其威慑力远超肉体消灭。

赐姓制度犹如双刃剑，既能成为皇权笼络人心的恩赏，也可化作摧毁政治对手的利刃。在权力旋涡之外，世家大族的改姓选择往往暗含生存智慧。

北宋元丰年间，婺源江湾的萧氏家族为避祸改萧为江，却保留了"萧江宗祠"的祭祀传统。这种"改姓不改宗"的策略颇具深意：对外以江姓融入新环境，对内通过宗祠延续兰陵萧氏"昭明太子后裔"的文化认同，使得江永、江谦等学者能在明清时期脱颖而出，维系家族文脉传承。

无独有偶，司马迁后裔改姓冯、同，在姓氏外壳下保存家族火种，展现出乱世中姓氏作为文化盔甲的特殊功能。

民族政权间的姓氏博弈更凸显了文化认同的复杂性。西夏开国君主李元昊废除唐赐李姓、宋赐赵姓，恢复党项旧姓嵬名，并推行"髡发令"，同时创制西夏文字，改革礼乐制度。

西夏这场去汉化运动与北魏孝文帝的汉化政策形成鲜明对比：北魏借姓氏汉化融入中原正统，西夏则通过强化民族标识构建独立政权合法性。

北魏孝文帝拓跋宏推行汉化改姓，皇族拓跋氏改元姓、独孤氏改刘姓、步六孤氏改陆姓，并配套制定"定姓族"政策将胡姓对应中原郡望，如穆、陆、贺、刘、楼、于、嵇、尉定为鲜卑贵族专属八姓。看似促进民族融合，实则借汉族门阀制度重构北魏统治阶层。

百家姓

中国人有多少个姓氏？

东汉王符《潜夫论·志氏姓》记载大量姓氏源流，应劭《风俗通义·姓氏篇》首次系统分类姓氏来源，两书合计收录姓氏约 800 个。至北宋初年，《百家姓》初始成书时收录 411 姓，元代增补至 504 姓（单姓 444 姓、复姓 60 姓）。清代《御制百家姓》虽载 568 姓，但包含蒙古新字姓氏，非单纯汉姓扩展，其编纂目的为彰显满汉融合。

《百家姓》开头"赵钱孙李"的排序暗含五代十国的政治密码——赵为宋代国姓，钱为吴越王族大姓，孙为钱俶正妃之姓，李为南唐国姓，这种排列折射出当时的地域政治格局。

明代王圻《续文献通考》载姓氏 4657 个，凌迪知《万姓统谱》录 3557 姓，两者统计标准差异显著——前者包含少数民族音译姓氏，后者侧重汉姓源流考据。

当代数据显示，公安部 2020 年公布在用姓氏 6150 个，《中国姓氏大辞典》收录古今姓氏 23813 个，前五大姓占比超三成。

特殊姓氏中，"欧阳"为第一大复姓（111.2 万人），而"酱"姓仅存 14 人。特殊姓氏存续彰显文化多元：鲜卑三字姓"步六孤"被北魏孝文帝改汉姓"陆"，彝族九字姓"乌朗汉吉尔莫吉尔敏"为现存最长姓氏，傣族"刀"姓源自土司制度（非"召勐"）。

姓氏读音复杂性催生出诸多特例：西汉匈奴王子金日磾（"日磾"读 mìdī）归汉赐金姓；南宋万俟卨（MòqíXiè）属拓跋氏十姓分支，其姓源出鲜卑"吐难氏"改汉姓；唐代尉迟（Yùchí）恭姓氏源自鲜卑族尉迟部，山西方言保留中古入声特征，与突厥语无直接关联。元代色目人后裔姓氏如"哈""撒""马"，其西北方言读音仍存蒙古语韵律，如"哈"（hǎ）系女真语遗留。鲜卑"叱干氏"改汉姓"薛"系北周赐姓政策。

异音姓氏现象亦值得注意：覃姓分读 tán（汉族）、qín（壮族）、xún（瑶族）；盖姓分读 gě（胶东半岛）、gài（中原官话区）；乐姓分读 yuè（汉族）、lè（蒙古族改姓）。

修家谱

中国宗族文化中的修谱认祖行为，本质上是一种"历史记忆的再编码"过程。通过选择性连接历史人物与宗族世系，不同群体在重构身份合法性的同时，亦折射出权力博弈与文化认同的深层互动。

李唐皇室在《旧唐书》中自述为西凉武昭王李暠后裔，李暠又自认是西汉飞将军李广的子孙，李广的祖先又是战国赵国大将李牧。传承千年的战神血脉就这样成了皇权的庇护。当然，李唐又自认太上老君为祖宗，如赵宋认了赵元朗，被民间认为是财神赵公明，都是将皇权进一步神格化。当然，这些比起太平天国创造了上帝一家人、天父天兄可下凡，就很保守了。

我们来看一个不常被关注的修家谱的例子，从隋文帝到司马迁，通过《太史公自序》《新唐书》《史记索隐》几本书串在一起。

秦惠文王手下有位军事家叫司马错，关于"先伐蜀，还是先伐韩"，与张仪发生激烈争执。最终惠文王接受了司马错的方案，并以他为将，征服了蜀国和巴国。60年后，蜀郡太守李冰修了都江堰。

司马错之孙司马靳，是武安君白起的副将，在长平之战中坑杀赵兵数十万。后与白起一起被秦昭王赐死。

司马靳之孙司马昌在秦代做过铁官。

司马昌后代司马喜在汉代当过五大夫。

司马喜的孙子叫司马迁。

司马迁受宫刑之前是结了婚的，有一个女儿，嫁给了杨敞。

杨敞的爷爷杨喜，在垓下之战中参与分抢霸王项羽的尸体，封赤泉侯。

杨敞在汉昭帝时任大司农，为人谨慎。上官桀父子谋反，他称病在家。后任御史大夫，再任丞相，封安平侯。废刘贺事件中，反复权衡才与大将军霍光联名上书。汉宣帝继位后不久，就去世了。

杨敞的二儿子杨恽，好史学，读外祖父《史记》，认为其可与《春秋》媲美，并公布此书，使得《史记》得以广泛流传。杨恽有个嗜好，窥探隐私并打小报告，如举报霍光的儿子霍禹要谋反。后因《报孙会宗书》触怒汉宣帝，被杀。

杨敞的长子杨贲，其子杨谭。杨谭的儿子杨宝有个典故，是"结草衔环"中"黄雀衔环"故事的当事人。

杨宝的儿子杨震，东汉官拜太尉。

杨震的儿子杨秉、孙子杨赐、从孙杨彪，也都当过太尉。所谓杨家四世三公。

杨彪的儿子叫杨修，散布"谣言"被杀了。

杨震另外有个八代孙叫杨铉。

杨铉的儿子杨元寿、孙子杨惠嘏、曾孙杨烈、玄孙杨祯。

杨祯的儿子叫杨忠，杨忠的儿子叫杨坚。

数一数，太史公是隋文帝的祖宗多少代？

当然这家谱合订本当不得真，很容易发现时空压缩现象。这种明显的年代断裂，实为层层攀附的"文化认祖"传统。

相关文物

元青花釉里红瓷仓，1974 年出土于景德镇凌氏墓。仓楼为亭式重檐，通高 29.5 厘米。瓦由釉里红点彩串珠组成，飞檐、朱栋、雕栏，造型别致，华贵绚丽，充分体现了江南木构建筑的特色。

谷仓正中大门青花书写对联一副，上联"禾黍丰而仓廪实"，下联"子孙盛而福禄崇"，横批"南山宝象庄五谷之仓"。背面仓板上青花书写159字长篇墓志铭，称墓主人是"故景德镇长芗书院山长凌颖之孙女"。

元青花釉里红瓷仓

彩绘人物故事漆屏，1965年出土于山西大同北魏琅琊王司马金龙墓。此屏由五块漆灰胎板构成，以铁线描技法彩绘娥皇女英、周室三母、班婕妤等列女故事。

彩绘人物故事漆屏

北洋大学是中国第一所现代大学，颁发的第一张文凭除了学生姓名王宠惠，还注明了祖宗三代。

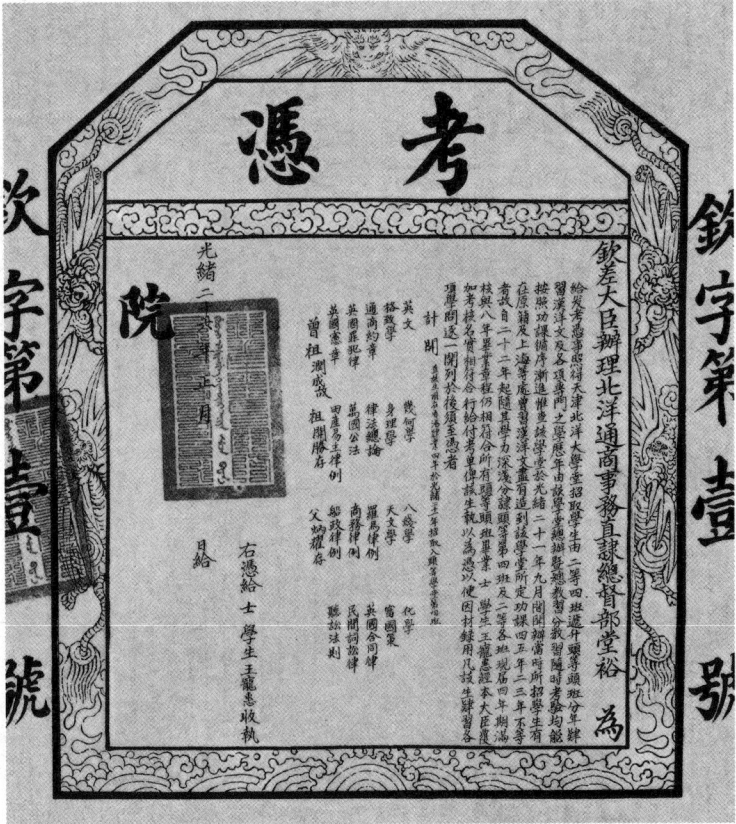

北洋大学的第一张文凭

新疆吐鲁番地区高昌国至唐西州时期的墓葬中出土了许多伏羲女娲题材绢画。伏羲女娲是传说中人类始祖。这些绢画画面形式相近，人物均为人首蛇身，下身以螺旋结构盘旋缠绕。服饰有中原样式，也有西域胡人装束。其中伏羲持矩，女娲持规。画上方常绘有太阳，下方绘有月亮，画面背景则绘直线相连的星辰。这些绢画或覆盖于棺上，或置于尸旁者，或悬挂于墓顶，为墓室营造出一个虚构的小宇宙，阴阳相对、生生不息，是祖先信仰和繁衍崇拜的体现。

唐代西域伏羲女娲像

八、千年"考公"热：社会阶层与科举

科举的名场面，不是范进中举，不是唐解元，也不是小李探花，而是"中状元、娶公主"的戏曲套路。获得这双重身份、知名度最高的是舞台第一渣男——陈世美。

但很遗憾，现实中，几乎没有状元驸马：

一是古人结婚早；

二是能考到状元的也不都是青年才俊，更多的是中年人；

三是宋代以后，驸马不能担任要职——状元们还想当宰相呢。

历史上状元驸马只有唐代一个特例。842 年的状元郑颢被皇帝强逼娶了万寿公主，结果夫妻不和，过得十分憋屈。

同样，历史上也没有女状元。黄梅戏《女驸马》冯素贞只是个"爽剧"。那太平天国傅善祥，被东王杨秀清任命为"女簿书"，民间传说她是"女状元"。其实当时太平天国并没有正规的女子科举制度。

士农工商

中国古代社会等级森严，形成了一套稳固的金字塔结构。顶层是皇帝和皇亲国戚，他们掌握着全国的土地和权力。明代藩王就占用了全国 1/7 的耕地，清代八旗贵族圈占了北京周边 24 万顷良田。这些特权阶层的生活，普通百姓根本无法想象。

对老百姓，采取"良贱之分"是等级制度，以法律与礼教双重手段将人群划分为"良民"与"贱民"两大对立阶层，形成"贵贱不相逾"的森严秩序。

良民四民"士、农、工、商"虽然名义上并列，但实际差距巨大。

读书人通过科举考试就能当官，宋代开始流行"和读书人一起治理天下"的说法，考上进士的人全家都能免除劳役。

农民名义上地位仅次于读书人，实际上却要承受地租、人头税和劳役三重压迫。明代万历年间，江南农民交完地租后，往往只剩不到一半收成果腹。

工匠被官府登记为"匠户"，元代规定官办作坊的工匠每天必须工作 6 个时辰（12 小时），逃跑就要挨 30 板子。明代改成每 3 年给官府干 3 个月活，但依然不能改行。

商人虽然有钱，但长期受打压——汉代规定商人不能穿丝绸衣服，明清时期商人家的孩子要等三代不经商才能参加科举考试。

社会底层是"贱民"，他们被法律死死钉住，世代不得与良民通婚，诉讼时证词无效。被归入"贱民""贱籍"的包括：

官私奴婢（唐代部曲、元代驱口）、倡优（乐户、戏子）、隶卒（衙役、狱吏）、特殊职业者（丐户、疍户、堕民）等。唐代法律规定"奴婢和牲口一样属于主人财产"，主人打死奴婢只需100板子。

"贱民"世代从事"污秽"职业：如浙江丐户专事保媒、抬轿，广东疍（dàn）户终生舟居不得上岸，山西乐户为官府宴乐奴役，清代丐户女性戴黑布包头，疍户船只漆红绿以示区别，违者治罪。

科举也将"贱民"隔绝在外，这些人的子孙三代都不能参加科举考试。乾隆年间，绍兴有个丐户的孩子冒充普通人参加考试，被发现后全家被流放到东北。

古代普通人想改变命运难如登天。

虽然科举考试是主要出路，但录取率不到千分之一。明代200多年只录取了不到3万名进士，平均每个县每10年才出一个。商人想让孩子改变命运，得先让家族三代不碰生意——徽州盐商常常培养子孙专心读书，但成功者寥寥无几。

当兵立功也是个办法，但风险太高。明代抗倭名将戚继光的部队，打仗时每5人就有2人伤亡。

这套等级制度靠三根柱子撑着：

一是控制百姓生计。明代登记在册的工匠有23万户，专门给皇家干活。农民则被地租压得喘不过气来。

二是用礼教洗脑。宋代朱熹写的《家礼》强调"主仆有别"，把等级差异说成天理。

三是严酷法律。明代法律规定，普通人打"贱民"可以减刑，"贱民"还手就要加刑。

"贱民"需经官府"放良"（如唐代奴婢赎身）、军功特赦（如雍正除山西乐户贱籍）方可脱籍，但社会歧视难以消除（脱籍者仍被称"轿夫王""渔家李"）。

直至清末《钦定宪法大纲》废除贱籍，这一延续千年的等级鸿沟方在法律层面瓦解，但文化歧视至今残留。那些博物馆里记录着等级制度的文书，既展现了古代统治者的手段，也提醒着我们：真正的平等，需要几代人用知识和勇气去争取。

科举千年

中国古代官员选拔制度经历了三次重大变革。

最早是依靠血缘世袭，西周时期天子与诸侯分封天下，管理国家的权力通过家族代代相传，各级贵族依照《周礼》规定的等级各司其职。东周时期这套体系逐渐瓦解，出现了"客卿""食客"等非世袭人才，秦国重用的商鞅、范雎甚至非秦国土著。

汉代废除分封实行中央集权后，开始采用察举制，由地方官推荐人才，州推举的称秀才，郡推举的称孝廉。但缺乏客观标准导致舞弊严重，民间流传"举秀才，不知书；察孝廉，父别居"的讽刺民谣。

为改进察举制，曹魏时期陈群创立九品中正制，由中央官员按出身、品德评定人才等级。然而魏晋时期世族势力膨胀，最终演变成"上品无寒门，下品无世族"的局面，寒门子弟难有出头之日。

隋朝为打破门阀垄断，开始推行科举制。开皇七年（587）隋文帝要求各州每年推荐 3 人应试；大业元年（605）隋炀帝正式设立进士科，考试内容侧重时务策论，标志着科举制度的诞生。

唐代继承并发展了这套体系，将科举分为每年举行的常科和皇帝临时设置的制科。常科设有秀才、明经、进士等 6 科，其中进士科因考查诗文创作而最受重视。不过唐代科举仍保留推荐传统，考生流行考前向权贵"行卷"投递诗文，名流"公荐"也能直接影响录取结果。

武则天载初元年（690）首开殿试，长安二年（702）增设武举科，但二者在唐代仅为临时措施。

宋代对科举进行系统化改革。开宝六年（973）宋太祖将殿试定为常制，所有进士都成为"天子门生"。为防止舞弊，景德四年（1007）实行糊名（密封姓名），大中祥符八年（1015）增设誊录（专人抄写试卷），考官考前集体入住贡院与外界隔绝。

宋代考试周期自治平三年（1066）定为 3 年一次，偏远考生可领取路费补贴。宋代共录取进士 4 万余人，是唐代的 10 倍，王安石、苏轼等寒门子弟得以跻身朝堂。不过这种开放性也带来新问题，大中祥符年间曾出现万人赶考的盛况，迫使朝廷限制各州举人名额。

明清时期科举制度发展至高度成熟，但选拔机制渐显僵化。读书人需逐级闯关：首先通过县试、府试、院试三级童试成为秀才，获得免徭役、见官不跪等特权，方有资格参与乡试。

另有特殊入仕通道——国子监监生分为三类：皇帝特赐的"恩监"、功臣后裔的"荫监"、自明景泰元年（1450）起可通过捐纳钱粮获得的"捐监"——不过捐监出身者常遭科举正途出身的士子轻视。

科举主体阶梯由乡试、会试、殿试三级构成严密的选拔体系。每3年秋季农历八月在各省省城举行的乡试称"秋闱"，考中者称举人，头名称解元。

次年春季农历三月在京城礼部举行的会试称"春闱"，考中者称贡士，榜首称为会元。

最终由皇帝亲临的殿试在会试放榜后举行，所有贡士经殿试后统称进士。按成绩分三甲张榜：一甲仅取状元、榜眼、探花三人，赐"进士及第"，状元授翰林院修撰（从六品），榜眼、探花授翰林院编修（正七品）；二甲赐"进士出身"，三甲赐"同进士出身"。

二、三甲进士需再经朝考，其中文理优长且年轻者被选为翰林院庶吉士，谓之"点翰林"，入院研习3年后考核优异者留任编修、检讨等清要官职，其余则外放地方任知县；未入翰林者多授六部主事（正六品）或地方知县（正七品），其中翰林外放者享有优先补缺特权，民间戏称这类官员为"老虎班"。

这套环环相扣的体系将科举功名与官职授予紧密绑定，翰林院更成为宰辅摇篮——明清两朝170余位内阁大学士中，九成以上出身翰林，足见其"储相之地"的特殊地位。

为平衡地域差异，洪熙元年（1425）实行南北分卷制：南方考区占55%名额，北方占35%，西南及朱元璋祖籍凤阳单独划出 10%。清代在此基础上发展为分省录取，顺治十二年（1655）规定各省按人口赋税分配名额。康熙二十六年（1687）台湾单列每科 1 名举人，光绪十一年（1885）新疆建省后设进士指标。

鉴于分省录取，冒籍应试仍屡禁不止。

在科举中，"郡望"与"户籍"是不同的概念：

郡望是家族历史声望的地域标识（如唐代"清河崔氏""陇西李氏"），代表士族的文化地位，虽可能影响考官对考生背景的隐性评判，但并无行政约束力。

科举户籍则以父系祖籍为核心，结合实际居住条件（如清代要求田产、祖坟在籍且居住满 20 年），严格绑定考生应试地域。

简言之，郡望是文化象征，户籍是制度刚需，二者共同构成科举时代地域身份的双重维度，既维系了地缘公平，也固化了传统社会的地域等级结构。

随着西学东渐，科举制度最终在光绪三十一年（1905）被废除，但其分省录取原则仍影响着现代高考制度。

八股文

科举考什么？隋炀帝创立进士科时以时务策论为主，唐代发展为多科并立：明经科考儒家经典，进士科重诗赋策论。宋代王安石变法后专考经义，考生需按程朱理学阐发《四书》文句。元代出现分股对仗雏形。至明成化年间（1465—1487），八股文正式定型。清代增加试帖诗，如乾隆二十二年（1757）以"春风得意马蹄疾"限韵作诗，既考文采又限格式。

所谓八股文，由破题、承题、起讲、入手、起股、中股、后股、束股八部分组成。其中，"股"特指两两对仗的议论段落（如"天地有正气"对"杂然赋流形"）。考生须以儒家圣贤口吻阐释《四书》《五经》文句，且必须严格遵循朱熹《四书章句集注》的官方解释，禁止引用其他经典或抒发己见。文章篇幅限定在500～700字，要求骈偶对仗工整、逻辑层层递进，形式上追求"体用排偶，谓之八股"（《明史·选举志》）。

　　顾炎武在《日知录》中痛斥其危害："八股之害，等于焚书，而败坏人才，有甚于咸阳之郊所坑者。"这种制度化的文体导致士人思想僵化。

权贵的捷径

　　中国古代官僚体系始终存在"明修栈道，暗度陈仓"的权力世袭机制。汉代创立的任子制开先河，两千石以上高官可保举子侄为郎官，苏武正是以父苏建军功入仕，未及弱冠便入宫值守。

　　这种制度性安排被唐代发展为门荫体系：一品官子起家授正七品，五品官子授从八品，山东士族崔氏凭借此制垄断相位，仅博陵崔氏就出过15位宰相。宋代将荫补推向极致，三司使陈恕去世时，其子、弟等近亲皆获荫补资格，景德年间荫补入仕者竟占官员七成，形成"恩荫进士"与"科举进士"双轨并存的奇观。

　　特权渗透科举的方式随着时代更迭越发隐秘。明代国子监为官绅铺设快车道，张居正12岁以监生身份中举，24岁登进士第，其青云直上背后是制度性优待。

清代推行的官卷制度将四品以上官员子弟单独编列，乾隆九年（1744）虽规定官卷录取比例为民卷 1/10，但实际科次中官卷录取率可达民卷 3～5 倍。

更隐蔽的还有科场"关节"——万历八年（1580）张居正运作次子张嗣修成榜眼，试卷中"才美"二字暗合其字"嗣美"，暴露科举表面公平下的权力暗流。

同样军事系统自成世袭闭环。明代卫所军官世袭罔替，戚继光 17 岁袭父职任登州卫指挥佥事；清代八旗子弟 18 岁即可选补骁骑校（正六品），完全绕开科举竞争。

旗人特权在清代被精心设计：顺治三年（1646）首设满汉分榜，满榜考试以翻译《四书》为主兼考简单策论，麻勒吉因满汉双语能力成为首位满人状元。康熙帝废除分榜后，旗人仍可通过翻译科入仕，乾隆四年该科仅考《论语》满译，蒙古旗人阿鲁忒·崇绮却因楷书工整成清代唯一满族状元，折射出满人在科举中的尴尬处境。崇绮后来当了皇帝的老丈人，把女儿嫁给了同治帝。

千年科举史的兴衰，最终印证：任何人才选拔制度若不能遏制特权扩张，终将成为既得利益者的私产。这种"开科取士，闭门授官"的历史悖论，至今仍在叩问社会公平的深层逻辑。

状元郎

"状元"不仅是科举考试的最高荣誉，更演变成一种承载着百姓梦想的文化符号。各种小状元称号，成为鼓励孩子的小红花。戏曲中的状元形象最为百姓津津乐道。真实历史中，状元的命运却千差万别。

自隋炀帝大业元年（605）设立进士科起，至清光绪三十年（1904）最后一科止，共有文状元600人左右。

首位完整履历可考的状元是唐高祖武德五年（622）的孙伏伽。这位河北士子不仅参与了《武德律》的编修，更以直言进谏开创了唐代谏官制度。最后一位状元刘春霖在1904年摘得桂冠时，科举制度已进入倒计时——次年清政府宣布废除科举时，同科进士沈钧儒等人已转向新式学堂。刘春霖工整的馆阁体书法虽被时人追捧，实为清代标准化考试训练下的产物。

含金量最高的状元是"连中三元"——在乡试（解元）、会试（会元）、殿试（状元）三级考试中蝉联榜首者。这一成就近乎神迹，自唐初至清末仅诞生18人（含武状元一人）。

"三元及第"的光环与政治命运却未必成正比。唐代张又新虽有《煎茶水记》传世，却卷入牛李党争。明代商辂则堪称三元典范，土木堡之变后力主抗战，代宗朝整顿吏治，宪宗时抵制西厂，德才兼备。清代陈继昌身处衰世，虽官至江苏巡抚却难有作为，林则徐赠联"南斗文星六千里，中朝元气廿三年"，暗讽其空负盛名。

状元中，文化成就卓然者往往超越科场文章。王维（唐开元九年状元）虽因岐王引荐玉真公主而中第的细节存疑，但其"诗佛"·地位无可争议，开创文人画影响深远。文天祥（宋宝祐四年状元）殿试时以《御试策》痛陈"民穷、兵弱、财匮、士大夫无耻"四弊，其狱中所著《指南录》成为气节的象征。杨慎（明正德六年状元）流放云南期间整理的《升庵集》中，《临江仙·滚滚长江东逝水》（或改编自民间曲调）随《三国演义》流传至今。张謇（清光绪二十年状元）则以"实业救国"拓新途，1905年创办中国首个公共博物馆南通博物苑，推动立宪运动，标志着科举精英向近代知识分子的转型。

科举与权力的交织在状元宰相身上尤为凸显。五代王溥（后汉乾祐元年状元）编纂《唐会要》，开中国会要体史书之先河。北宋吕蒙正（宋太平兴国二年状元）两度拜相，王曾（宋咸平五年状元）废止劳民伤财的"天书封祀"。但权力场亦暗藏杀机，周延儒（明万历四十一年状元）在崇祯朝两任首辅，几乎被加封太师，终触怒崇祯帝被赐死。3个月后，大明也亡了。

状元群体中不乏身败名裂者。李振（唐中和二年状元）助朱温篡唐，策划"白马驿之祸"，致使唐廷清流殆尽。秦熺（宋绍兴十二年状元）凭借养父秦桧权势，由考官魏师逊、汤思退泄题代笔窃取功名，深度参与了岳飞冤案。留梦炎（宋淳祐四年状元）仕元后劝降文天祥，纵乾隆帝也斥其"大节有亏"。明代刘若宰（崇祯元年状元）依附阉党编修《三朝要典》，赵翼在《廿二史札记》中评其"文采虽优，气节尽失"。周钟（明崇祯十年状元）在李自成破京时起草劝进表，后降清，其"两朝天子一朝臣"的行径被《清史列传·贰臣传》收录。

有状元宰相，也有没当上"七品芝麻官"的状元。卢文焕（唐昭宗光化二年状元），其最高职务可能仅为县尉（正九品下）。

状元中当官最大的不是宰相，是皇帝。

李遵顼，以宗室身份摘得西夏科举状元，提出"蕃汉相济"的治国策论。后通过政变登基后，一面延续科举制度并亲自主持殿试，一面疯狂发动对外战争，甚至将科举与军事绑定，要求士子"佩剑赴试、策论攻伐"，最终在蒙古威胁下被迫传位，退居上皇。这样传奇的经历，他的庙号也是"神宗"。

相关文物

龟负论语玉烛酒筹镏金银筒，1982 年出土于江苏丹徒丁卯桥唐代银器窖藏。通高 34.7 厘米，由龟形底座与镏金银筒构成。银筒内藏 50 支银镏金酒令筹，正面楷书《论语》章句，背面对应饮酒规则——如"与朋友交，言而有信"对应"请人伴十分"，意指受邀者需满饮一杯。

《论语》作为儒家思想的核心典籍，自汉代起被奉为经典之首，至南宋朱熹将其与《大学》《中庸》《孟子》并列为"四书"，成为宋元以后的科举权威教材。

龟负论语玉烛酒筹镏金银筒

赵秉忠（1573—1626），字季卿，号山其阳，明代青州府益都县（今青州）人。万历二十六年（1598）科举殿试一甲第一名（状元）。官至礼部尚书。

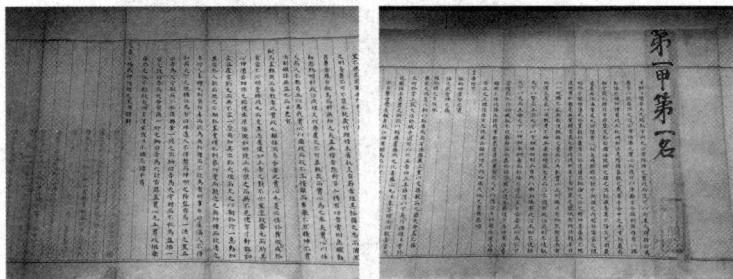

赵秉忠状元卷

赵秉忠状元卷局部

陈初哲（1736—1787），字在初，号永齐，清苏州府吴县人。乾隆三十四年（1769）殿试一甲第一名（状元）。

"状元及第"彩绘描金镂雕木匾

九、从甲骨到活字：汉字源流

"真草隶篆"是汉字字体的演变过程。在古典小说中，也会被错误穿越。

今版《西游记》第一回，猴哥进了水帘洞。"只见正当中有一石碣。碣上有一行楷书大字，镌着'花果山福地，水帘洞洞天'。"猴子大闹天宫被压在五行山下，书中说是王莽篡汉。再之前涂抹《生死簿》时，记录是"该寿三百四十二"。加上弼马温、蟠桃园，"天上一日，地上一年"，又有百十年。所以猴子初探水帘洞，是东周时期，秦始皇还没统一"小篆"文字，哪里有什么楷书。

《封神演义》第一回中，纣王在女娲庙题诗，"天子深润紫毫，在行宫粉壁之上作诗一首"，却是毛笔。虽然今天只见得殷商甲骨文，但那只是甲骨得以保存，更多竹简布帛已经腐烂于泥土之中。另有学者研究认为，殷商已经有毛笔，而蒙恬造笔是一个传说。

造字

汉字的起源交织着神话想象与漫长演化。相传黄帝史官仓颉从鸟兽足迹与星辰排列中获得灵感，创造出最早的文字，《淮南子·本经训》以"天雨粟，鬼夜哭"的传说赋予文字神圣色彩。这些传说虽非史实，但反映了先民对文字神圣性的认知。

考古发现表明，汉字真正源头可追溯至新石器时代：约 8000 年前贾湖遗址的龟甲刻符（如"目""日"形符号）可能是原始记事方式的体现，其与甲骨文的演化关系尚待更多证据证实；大汶口文化（前 4300—前 2500）陶器上的"斧""锛"图形则显现出象形文字的雏形。

尽管夏朝文字尚未被考古发现确认，但商代甲骨文的成熟体系暗示了更早的文字积累过程，只是最终在殷商时期形成系统化的文字体系。

东汉许慎在《说文解字》中系统化的"六书"理论，揭示了汉字构造的智慧。该理论是对既有文字结构的归纳，而非造字者预先设定的规则。象形（如"日"摹写太阳轮廓）、指事（如"刃"在刀锋加点示意）、会意（如"休"为人倚树表休息）与形声（如"江"以水为形、工为声）为造字法；转注（如"老""考"互训表长者）与假借（如"自"从鼻子引申为代词）实为用字法。

汉字形态的演变始终服务于实用与规范。

商代甲骨文的发现与研究堪称一部文明解码史。自 1899 年王懿荣通过古董商获得刻字甲骨以来，累计出土甲骨近 15 万片。已发现约 4500 个单字，目前学界取得共识的释读约 1200 字。这些契刻于龟甲兽骨的占卜记录，涉及天文、军事、医药等实证。

西周时期青铜器铸造技术的进步与王朝强化礼制的需求，共同推动了金文字形走向规范。商代晚期的金文字体较为自由粗放，到西周中期，随着多层陶范铸造工艺的成熟，铭文线条变得匀称工整。官方编纂的《史籀篇》中的籀（zhòu）文（大篆标准体）是对金文的系统化整理。

战国时期诸侯割据，文字形态出现明显的地域分化。秦国继承了西周文字传统，青铜器铭文与后来刻在石鼓上的文字风格一脉相承；楚国文字则带有独特装饰性，常在笔画末端添加鸟形纹饰；齐国文字结构修长，斜笔尖锐如刀刻；燕国文字在部分兵器铭文中呈现棱角分明的特征，带有石刻般的硬朗感；晋国文字墨迹中可见蝌蚪状的起笔痕迹。

秦统一后推行的"书同文"政策，是中国历史上首次大规模的文字标准化运动。丞相李斯以秦国文字为基础，吸收六国字形优点，主持整理出规范的小篆字体。这一过程并非简单取缔异体字，而是系统性的字形重构。

泰山刻石（现存残石藏于岱庙）作为小篆典范，其书法特征折射出秦代的文字美学。小篆的统一实践，催生了中国首部字形工具书《仓颉篇》，以四言韵文形式收录3300字，既为学童识字教材，又做官吏书写范本。

汉代隶变是汉字发展史上一次根本性变革，推动文字体系从象形表意转向抽象符号。这一进程历经300年渐进演化。

战国中后期的简牍书写中，篆书因日常速写产生弧线简化、连笔增多的"草篆"。秦汉官僚体系扩张催生了更高效的书写需求，秦代官方文书进一步以方折笔法替代篆书圆转，形成横平竖直的早期隶书骨架。至东汉中晚期，成熟隶书确立"蚕头燕尾"的波磔（zhé）笔法，字形从纵长转为扁平，彻底摆脱篆书遗韵。

隶变的实质是书写效率与文化传播需求的双重驱动。从文化史角度看，隶变标志着汉字从巫觋（xí）的占卜符号、贵族的礼器铭文，转型为承载知识与思想的平民化工具。

魏晋至隋唐时期，汉字书写体系经历了由隶入楷的深刻变革，同时衍生出适应不同社会需求的行、草书体系。三国时期，钟繇《宣示表》以横画平直劲健、竖笔顿挫有度的结体，奠定了楷书"横细竖粗、左低右高"的基本范式。

这一变革并非孤立现象——随着竹简文书向纸质书写过渡，隶书波磔笔法的耗时性越发凸显。楷书通过简化"蚕头燕尾"，强化点画独立性，据出土文书对比研究，书写速度显著提升，逐渐成为官方文书主流书体。

在此过程中，行书与草书作为辅助书体同步演进。

行书诞生于东汉末年的日常速记，通过适度连笔简化楷书结构，在保持辨识度的基础上提升书写流畅性，至东晋王羲之《兰亭集序》臻于化境。

草书则沿着两条路径发展。章草保留隶书波磔遗韵，字字独立，如陆机《平复帖》；今草突破单字界限，通过笔势连绵重构空间节奏，王献之《中秋帖》中"复恐匆匆说不尽"七字一笔贯穿，开创"一笔书"先河。

值得注意的是，这三种书体并非取代关系：唐代"干禄字书"制度明确规定，公文用楷、私札用行、急就文书用草，形成功能分明的书写生态。

此外，石刻艺术在此转型期扮演了技术验证与典范固化的双重角色。北魏平城时代《晖福寺碑》的方笔楷书，将钟繇笔法融入石刻刀工；隋代《龙藏寺碑》以温润刀痕再现江南楷书的"平画宽结"特征；至唐代颜真卿《多宝塔碑》，提按顿挫的毛笔特性已能精准转化为石刻语言。这些书刻互动不仅加速了楷书的标准化进程，更通过拓本传播使长安书风远播新罗、日本，最终确立了东亚汉字文化圈共同遵循的书写范式。

明清两代通过官方文献编纂确立了汉字书写的标准化体系。《永乐大典》编纂时，沈度创制的"台阁体"成为规范。墨色需浓黑均匀，字形方正整齐，笔画不得出现飞白或瑕疵，这一标准被写入科举考试条例。

清代在此基础上发展出更严苛的"馆阁体"。《四库全书》缮写时，朝廷设立专门机构训练数千名抄书匠，通过分解笔画的标准化教学，使不同人书写的"之""乎"等字几乎完全相同。

这种极致规范虽压制了书法的个性表达，却为实用字体发展奠定了基础——明代的台阁体骨架催生出雕版印刷的宋体字，而清代馆阁体的统一性则为近代铅字印刷提供了字形范本，成为汉字从手写转向工业化传播的关键环节。

汉字，作为唯一沿用至今的古典文字体系，以形音义结合的特性，跨越方言障碍，维系着中华文化的连续性——这或许正是仓颉传说深层的文化隐喻——文字不仅是沟通工具，更是文明血脉传承的无声见证。

书写载体

商代贞人（掌管占卜事务的神职人员）选用龟腹甲与牛肩胛骨作为占卜记录的核心载体，其刻制过程已形成规范体系。青铜刻刀含锡量 20%～25%，能在甲骨表面刻出深约 0.3 毫米的楔形笔道。安阳出土的"癸卯卜"刻辞中，1 平方厘米内可容纳 7 道精密排列的斜画。刻前需在甲骨背面钻凿直径 2 毫米的圆孔与长 6 毫米的枣核形槽，火烤后沿预设纹路形成占卜裂纹，重要卜辞常填涂朱砂。刻工技法分单刀急就与双刀精修，前者用于速记占卜结果，后者用于重要记事，这种差异直接影响了早期汉字笔顺的形成。

战国至汉代，竹简逐渐成为主要书写载体。人们将竹子劈成细条，经过火烤脱水（"杀青"）防止虫蛀，再用绳子编连成册。同期丝绸因质地坚韧、表面细腻，常被用于绘制地图和艺术创作。马王堆汉墓出土的帛书便使用朱砂、石绿等矿物颜料绘制。魏晋时期书法家开始在绢帛上创作，但因成本高昂，这种载体多用于贵族阶层的艺术创作。

石刻文字最早见于秦代，秦始皇巡游时在泰山等地留下石刻。汉代开始将儒家经典刻在石碑上，《熹平石经》作为最早的官方标准教材，推动了经典文献的标准化。拓片技术出现后，人们用湿润纸张覆盖碑面，通过拍打使文字显现，这种方法使碑刻内容得以广泛传播。

书写载体的革命性变革始于造纸术的成熟。东汉蔡伦改进造纸工艺，使用树皮、麻布等原料，使纸张逐渐普及。唐代宣州（今安徽宣城）生产的宣纸质地最佳，采用青檀树皮和沙田稻草制成，其润墨性极佳。宋代开始用竹子造纸，虽质量较皮纸稍逊，但大幅降低了生产成本，促进了书籍印刷的发展。

与造纸术相伴发展的笔墨技术同样在不断进步。商代先民已在甲骨上运用原始毛笔；殷墟出土的朱书甲骨显示，贞人使用硬毫笔具蘸朱砂书写，笔触呈现中间粗、两端细的特征。战国时期出现成熟毛笔，湖北包山楚墓出土的竹竿毛笔，笔头用丝线固定兔毫，长度与现代毛笔相近；同期河南楚墓毛笔则采用分层扎毫工艺，显示专业制笔技术已然形成。

秦汉时期毛笔工艺持续改进。云梦睡虎地秦墓毛笔采用镂空笔杆固定笔头，增强了书写的稳定性；汉代"白马作"毛笔首创披柱结构，以硬毫为心、软毫为表，既能表现隶书的波磔笔画，又可保证连续书写时的墨量供给。魏晋书法革命推动制笔技艺精进，南京王氏墓出土的东晋毛笔采用混合毫毛，可精准表现行书中的游丝牵连。唐代制笔技术体系化，宣州工匠创制了短锋鸡距笔，麻纸卷裹的硬毫笔芯更适合抄写佛经小楷。

宋元时期毛笔品类趋于多元，黄庭坚推崇的散卓笔突破传统工艺，苘（qǐng）麻纤维的加入使笔锋更具弹性；元代出土的毛笔显示羊毫使用比例提升，为后来软毫笔的普及奠定了基础。明清迎来了羊毫笔的黄金时代，湖州善琏镇匠人精研山羊毛处理技术，所制笔兼具柔韧与蓄墨特性，与当时盛行的碑学书风形成呼应。

墨的演变同样值得关注。汉代松烟墨需收集窑顶烟炱，100斤松木仅得烟灰 1 斤；魏晋时加入胶料改良，但仍有遇水晕染的缺陷；南唐李廷珪创制"对胶法"，制成的墨锭断面呈现松针状纹理，被誉为"金不换"；宋代歙州匠人潘谷改进配方，用桐油替代松木烧烟，使墨色黑度提升了 40%。

这些书写材料和工具的发展，共同构成了中国古代文化传承的物质基础。从官府文书到私人信札，从佛经抄写到书画创作，不同载体不断适应社会各阶层的需求，既记录了历史变迁，也承载了艺术审美，成为中华文明绵延不绝的重要见证。

涂改

古人也会写错字，也就有一套精密的纠错涂改体系，其技术细节经现代科技手段验证更显精妙。

殷墟出土的甲骨中有 4.2% 存在修正痕迹，修正手段展现出因地制宜的智慧：

一是使用石英砂磨石，在牛肩胛骨表面打磨出直径 2～3 毫米、深 0.5 毫米的圆形凹痕，这种物理修正法可使骨面再生层平滑如初。

二是利用占卜灼烧产生的兆纹，将错字精准刻在裂纹扩展路径上，自然裂痕可将误刻字绝大部分遮盖。

三是部分甲骨采取双字并刻法，在距错字 0.8～1.2 毫米处补刻正字，形成独特的"一字双形"现象。

竹简时代的修正技术兼具实用性与科学性。云梦睡虎地秦简的显微分析显示，青铜书刀以 15 度刃角削除 0.1 毫米厚竹黄层，剥离下的"削衣"碎片最薄处仅 0.08 毫米，削面再生层通过糯米浆（支链淀粉占比 80%）黏合恢复书写功能。

对于重要文书，马王堆汉墓出土的《养生方》竹简揭示出化学涂改的奥秘：雌黄（As_2S_3）经研磨后，与含朱砂（HgS）的调色剂混合，形成 30 微米厚涂层，X 射线荧光检测显示该涂层遮盖率达 98.7%。分子动力学模拟证实，雌黄晶体与竹纤维素通过氢键网络结合，抗老化性能较空白竹简提升了 3 倍。

纸张时代的修正体系更趋精密化。

唐代"贴黄"制度规定公文纠错需用 0.05 毫米厚黄麻纸，以 62℃熔点的蜂蜡封边，淀粉黏合剂使抗撕裂强度达 $12N/mm^2$。

宋代文人研发的铅白修正膏，主要成分为纳米级水白铅矿，粒径 50～200 纳米的颗粒与九成以上胶原蛋白含量的鱼鳔胶复合，形成致密的氧化屏障，加速老化实验表明其在湿度 60% 环境下可阻隔氧气渗透达 200 年。

印刷术

印刷术的发展历程，始终伴随着技术突破与文化传播的深层互动。考古发现显示，现存最早的雕版印刷实物可追溯至唐代。7 世纪新罗刻印的《无垢净光大陀罗尼经》与敦煌藏经洞出土的《金刚经》，印证了雕版技术的成熟。

这些早期印刷品多采用卷轴装帧，以楮纸为材、松烟制墨，单版雕刻文字量可达 2000 余字，佛教典籍的跨地域传播需求更是直接推动了印刷工艺的标准化发展。

北宋时期，杭州、成都、建阳三大刻书中心形成产业分工，监本典籍的校勘错误率被控制在 1/1000 以下，日刻版量突破 800

字。其中建阳书坊首创的蝴蝶装帧技术，通过版心对折粘连形成书册，使书籍便携性得到显著提升。

活字印刷的技术探索经历了漫长实践。据《梦溪笔谈》卷18记载，北宋庆历年间（1041—1048）毕昇试验以胶泥制字，"每字为一印，火烧令坚"，但因材质脆裂未能推广。

现存最早的活字实物为12世纪西夏文木活字，其单字尺寸误差不超过0.5毫米，印证了《农书》作者王祯1298年记载的转轮排字架系统——木活字按韵部分类存储，熟练工匠日排字量可达2000字，较雕版效率提升了3倍。

清雍正三年（1725），内务府铸造25万余字模，以此印制的《钦定古今图书集成》共计1万卷，实际印刷64部，每部装订5020册，创造了传统印刷时代规模之最。

值得注意的是，活字印刷术虽在宋代就已发明，但雕版印刷术在明清乃至更晚仍盛行，原因主要有以下几方面：

从技术层面看，早期活字（木、泥材质）因湿度变化易变形，印刷时常出现字错行、歪斜等问题，美观度不如雕版。金属活字虽坚硬，却与水墨相容性差，印刷清晰度不高。而雕版印刷版面平整，墨色均匀，能呈现更高的印刷质量。

从经济成本角度考虑，活字印刷需先期投入大量资金制作活字版，但汉字数量庞大，且每次印刷后需拆版、重新排版，若印刷量小，成本反而更高。雕版则刻制一次便可反复使用，重新印刷时直接取版即可，长期成本更低。尤其在古代书籍市场需求稳定（经史子集等经典长期不变）的情况下，雕版更具经济性。

在社会文化需求方面，雕版印刷在宋代已发展为艺术形式，刻工技艺精湛，可呈现复杂图文、彩色套印等效果，满足了书籍艺术化的需求。而活字印刷字体单一、缺乏灵气，难以满足对书籍艺术价值的追求。

图书装帧形态的演变，同样映射着材料科技的进步。8 世纪敦煌遗书中的经折装《入楞伽经》采用折叠黏结工艺，每折 5 行 17 字的版式成为后世经籍的范式。明代线装书以竹纸为页、楮皮纸为面，棉线穿订的针距严格控制在 20 毫米，这种结构可承受千次翻阅考验。

篆刻

伴随着古代汉字文化发展，除了繁荣的书法艺术，还有独特的印章篆刻艺术。

秦汉时期，印章作为身份凭证和权力象征，已广泛应用于军政领域。将军们使用的铜印多为急就章——这类印章因边关告急而临时任命将领仓促刻制，工匠用凿子直接在青铜坯料上敲击刻制，线条粗犷有力，印面常有崩裂的金属碎屑或自然毛边。这种特殊的制作工艺反而成为防伪特征。秦代对公文封泥管理严格，若封泥缺损或修补则视为失效，推测可能要求保留印面原始崩裂痕迹。

隋唐时期，官印制度发生显著变化，印面尺寸从秦汉的方寸之间扩展到 5～8 厘米见方。为适应在公文绢帛上钤盖醒目印记的需求，工匠改用阳文铸造工艺，将九叠篆笔画设计成等粗线条，每个转折处严格遵循黄金比例叠压。

宋代文人用印之风兴起后，印章功能发生了本质转变。米芾在《书史》中记载亲自设计"火正后人"等私印，选用硬度适中的青田石刻制，以切刀法模仿青铜器铭文的斑驳质感。这种风潮催生了专业刻印行业，汴京大相国寺周边聚集了 20 余家刻印铺，普通学子花费 300 文即可定制一枚名章。

明代，篆刻史迎来关键转折。

嘉靖年间，文彭在南京偶然购得数筐灯光冻石，这种叶蜡石硬度为 2.5～3，受刀时既有玉石的爽利又不至崩裂，普通文人经过月余练习即可掌握刻制技艺。同时期何震在皖南开创单刀直入法，刻制"笑谭间气吐霓虹"印时，每秒 3～4 刀的凿刻频率形成锯齿状印边，与汉代将军印的金属崩裂效果遥相呼应。

清代，篆刻进入全面繁荣期，形成鲜明的地域流派。

杭州丁敬开创的浙派善用碎刀法，每刀行进仅 1～2 毫米。在西泠印社藏的"龙泓馆印"中，每平方厘米达 200 余道细密凿痕，营造出碑刻风化般的古朴效果。安徽邓石如提出"疏处可走马，密处不通风"的章法理论，其"江流有声断岸千尺"印将小篆笔意融入刀法，圆弧转折处的 0.2 毫米精度与毛笔书写误差小于 5%。会稽赵之谦更将取法范围扩展到北魏碑刻与战国钱币，在"为五斗米折腰"印中，大篆结构与佛像雕刻的楔形刀法结合，边款用六朝造像记体刻满四面，开创了印面与边款并重的全新艺术维度。

印章功能的拓展同样值得关注，早期作为封缄简牍的实用工具，宋代开始用于书画落款，明代演变为文人雅士的随身雅玩，清代已在请柬、账册、藏书等十余种文书中普遍使用。北京故宫藏《乾隆宝薮》记载，仅乾隆帝就拥有不同材质印章 1800 余枚。

相关文物

《吉祥遍至口和本续》是藏传佛教经典的西夏文译本，1991年出土于宁夏贺兰县拜寺沟方塔遗址，是迄今发现的最早的木活字印刷品之一。全本共 9 册，现存残页 76 页，每页纵 30.6 厘米、横 12.1 厘米，西夏文楷书每半页 10 行，每行 22 字，版心刻藏式佛塔形页码标志。

《吉祥遍至口和本续》

西周晚期青铜器毛公鼎，鼎腹内有 500 字金文，是现存先秦青铜器中铸铭文最多的。册命文训，也是西周散文代表作。其书法也是金文中最高等级。

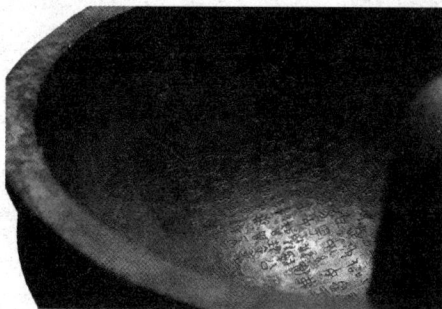

毛公鼎

宋徽宗《草书千字文》卷文末钤"御书"印一枚，花押"天下一人"。

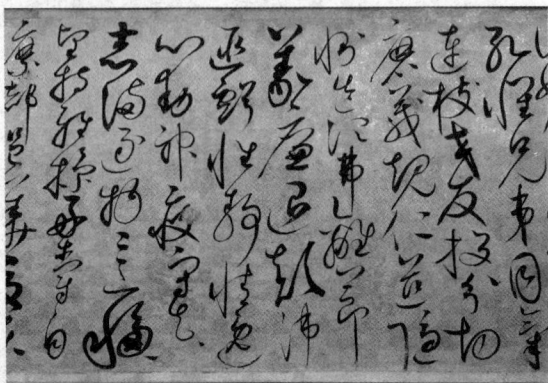

宋徽宗《草书千字文》卷

十、这锭银三两三：度量衡与货币

古人没有手表，文学作品中常见计时表达"一炷香的工夫"，是多久呢？这其实是一种充满弹性的民间经验表述，时长通常在20分钟至1小时之间，既无统一标准，也难以精确换算。其核心在于"香"本身的多样性。

这种计时方式最早见于唐代佛寺坐禅，宋代《宋会要辑稿》虽有"燃香一寸限时"的尝试，但始终未成官方标准。明清时期，百姓常以"一炷香"搭配日晷、更鼓来估算时间。究其本质，"一炷香"的模糊性恰恰映照出前代社会的时间哲学——以生活节奏丈量光阴流转，在袅袅青烟中，将农耕文明的人间烟火凝成诗意的时光刻度。

同样，"很快就到，马上就来"，也常是没谱的时间。

度量衡

度量衡是古代社会用于规范物理量（如长度、容量、重量）的基础标准与工具体系，包含"度"（长度测量）、"量"（容量计算）、"衡"（重量权衡）三个维度。

它支撑着经济活动中的赋税征收、商品交易，维系着工程营造中的建筑尺度与土地划分，同时也是政权统一与律法执行的重要工具，例如通过统一标准实现"车同轨，书同文"，或依据重量估定物品价值。

中国古代的度量衡以自然物与人造器具为基准，在标准化与法制化的进程中构建社会秩序，其演变既折射了科技发展，也暗藏了权力与民生的复杂博弈。

最早的计量方式源自生活实践。先民以身体为尺，拇指第一节宽度为一寸，双臂伸展长度为一寻。使用绳索打结、贝壳串联辅助计数，但这些自然物标准难以统一。

夏商周时期，度量衡制度逐渐成形。据《史记》等文献记载，夏代已有"禹寸""禹步"等传说性标准。商代出现铜尺和陶制量器，殷墟出土的"戍甬鼎"内壁铸有容量铭文，证实当时已使用"升""斗"等容量单位。

西周设立"司市""质人"等官职管理度量衡，青铜器铭文中"赐贝五朋"的记录，反映了以贝壳为媒介的价值分配体系。

春秋战国时期，诸侯割据导致度量衡混乱。《左传》记载齐国采用四进制容量单位，以"四升为豆"，又注"四豆为区，四区为釜"，而云梦秦简显示秦国推行"十斗为斛"的十进制容量单位。"跨国贸易"需烦琐换算。

秦统一后，推行"一法度衡石丈尺"政策，以商鞅方升（实测容量 199.7 毫升，约 200 毫升）为基准，统一全国度量衡。长度采用十进制（1 丈为 10 尺，1 尺为 10 寸），容量设斛、斗、升、合（gě）、龠（yuè）五级，重量以石、钧、斤、两、铢分级。

秦代制作青铜诏版量器，规定误差不得超过 1%，并设置"工室""发弩啬夫"等官职监督执行。然而，不同地区出土的量器依然存在微小差异，这也反映了统一政策在实施中的困难。

汉代在秦制基础上融入了自然哲学。据《汉书·律历志》记载，以黄钟律管长度定标准尺，用排列均匀的黍粒确定重量基准。新朝时期铸造的"新莽嘉量"将斛、斗、升、合、龠五级容量集于一体，器物造型"外圆内方"。后世学者认为其设计暗含天圆地方的宇宙观。

明清时期，度量衡的政治象征更加凸显：紫禁城太和殿前陈列嘉量铭刻"允执厥中，上齐七政"，将标准与天命关联；地方县衙的"戒石亭"陈列官定斗斛，彰显权力对计量的绝对掌控。

然而，度量衡"统一"的背后潜藏着剥削。

宋代"省斗"比"市斗"大 20%，清代"仓斛"较"市斛"多 3 升，导致农民实际赋税增加三成以上。明代宛平县衙的"官斗"比"市斗"多 2 升，配合"淋尖踢斛"手法，踢洒的粮食尽入官吏私囊。

市井欺诈手段同样盛行。南宋《名公书判清明集》记载，奸商在秤杆灌铅、秤砣挖空，称"鬼秤"坑害百姓。清代《清稗类钞》揭露布商混用"京尺"（约 32 厘米）与"市尺"（约 35 厘米），顾客稍有不察便遭克扣。

量值标准随时代推移而逐渐变化。

土地面积计量中，战国秦亩约 192 平方米（据云梦秦简《田律》步制推算），清代增至 614 平方米（按清尺 32 厘米、240 步为亩计算），1959 年统一为 666.7 平方米。地域性单位如东北"垧"（15 亩）、楚国"畹"（约 30 亩）等，仍在方言与地契中留下痕迹。

文学作品中的度量衡常虚实交织。

《三国演义》写关羽"身长九尺"，按东汉尺约 23 厘米（洛阳汉墓出土骨尺为证）折算为 2.07 米，远超当时男性平均身高（1.65～1.7 米），实为凸显人物威仪的艺术加工。

《西游记》描述孙悟空"不满四尺"，若按明代日常用尺 32 厘米计算为 1.28 米，贴合猴类体型特征，但若以天文测量用的"量天尺"（24.5 厘米）折算则不足 1 米，这种尺度选择的差异，恰折射出古代计量标准的复杂性。

货币史

纵观中国古代货币史，三个核心脉络清晰可辨：从海贝到机制银圆的形态演进，始终与冶铸技术、经济需求同步；圆形方孔钱形制延续两千年，承载着"天圆地方"的治理理念；海外银币流入，则见证了中国货币与全球经济的早期互动。

货币的演变始于原始社会的物物交换。

贝币是中原地区最早的货币形式之一。古代汉字中与交易相关的"货""买（買）""卖（賣）""贩"等字均以"贝"为部首，显示出贝壳在早期经济中的重要地位。

天然贝壳作为货币逐渐供不应求后，商代出现了石贝、骨贝、蚌贝等仿制品，晚期更诞生了铜质贝币。河南省安阳市大司空村商代晚期墓穴出土的铸造铜贝，是目前考古发现中最早的金属铸币，其形制与天然贝壳高度相似，证实了金属货币对贝币形制的继承。

战国时期各诸侯国货币形态分化明显：周王室及魏、韩、秦等国流通铲形布币；齐国使用刀形刀币；赵、燕两国在战争影响下经历了从布币到刀币的转变；楚国则发展出独特的蚁鼻钱体系。

秦统一六国后，废除六国旧币，推行圆形方孔的"秦半两"，确立了中央集权的货币制度。这种方孔钱形制延续 2000 余年，直至 20 世纪初才退出流通。

汉代承袭秦制，汉武帝元狩五年（前 118）始铸五铢钱，其钱文纪重、外廓防伪的设计成为后世铸币的典范。五铢钱的流通历经两汉、三国、魏晋南北朝至隋唐，跨度超过 700 年，成为中国历史上流通时间最长的货币品种。

三国时期货币体系呈现割据特征：曹魏恢复五铢钱制；蜀汉铸造"直百五铢"虚值大钱；东吴发行"大泉当千""大泉二千"等高额钱币。

西晋沿用汉魏旧钱，东晋初期流通东吴旧币，后出现轻薄的"沈郎五铢"。十六国时期成汉政权铸造的"汉兴"钱，开创年号钱先例，标志着钱文内容从单纯纪重向帝王纪年的转变。

南北朝时期币制混乱，北朝北魏开始推行年号钱制，为唐代宝文钱体系的形成奠定了基础。

隋朝重建统一的货币体系，开皇三年（583）铸造标准五铢钱，严令禁用前朝旧币。

唐代货币制度发生重大变革，武德四年（621）废除五铢钱，改铸"开元通宝"，终结了以重量命名的钱币传统，开启了"通宝""元宝""重宝"的宝文钱时代。开元通宝成为唐代主体货币，其铸造工艺规范，重量维持在4克左右，形成"钱径八分，重二铢四絫（lěi）"的行业标准。

唐宪宗时期为解决铜钱运输难题，创设了"飞钱"汇兑制度：商人在京师将钱款交付官方机构，取得凭证后方可异地兑取。这种票据虽非实体货币，却为宋代纸币的诞生提供了实践经验。

宋代货币体系呈现多元化特征，铜钱年铸造量在1073年达到600万串（每串千文）的峰值，大量铜钱通过海外贸易流向日本、东南亚等地。

四川地区因铁钱流通不便，民间自发产生"交子"票据，1024年由官府收归官办，成为世界上最早的法定纸币。南宋时期纸币发展为"会子""关子"等多种形式，与铜钱、铁钱并行流通。

辽、西夏、金等政权货币体系深受中原影响：辽国长期以唐宋旧钱为主要流通货币；西夏钱币文字采用独特顺时针排列；金朝初期沿用宋辽旧币，后期自铸"正隆元宝""大定通宝"等年号钱。

元代建立纸币本位制度，忽必烈于1260年发行"中统钞"，以白银为准备金，规定公私交易均以纸币结算，成为世界上最早的全国性法定纸币。

元灭南宋后，在江南地区设立平准库回收金银，同时允许部分地区继续使用铜钱。元末因滥发纸币导致恶性通胀，至正年间（1341—1368）虽试图以铜钱辅助流通，但货币体系已濒临崩溃。

明代初期推行"大明宝钞"，因缺乏准备金制度引发严重贬值，正统元年（1436）后白银逐渐成为主流货币。16世纪通过马尼拉贸易输入的美洲白银，以"银锭"形式流通，纳税、徭役折银等政策推动了白银货币化进程。

清代维持着银两与制钱并行的双轨制。白银以"两"为单位，1标准两约36克，实际成色因地域存在差异；铜钱以"文"为单位，官铸制钱每文重1钱～1钱2分。

19世纪受外国银圆冲击，广东省于1889年率先机制"光绪元宝"银币，面值分5分～1元。1903年清政府设立户部造币总厂，发行"大清银币"试图统一币制，同时各省纷纷开设银圆局、铜圆局，铸造机制银圆与铜圆。纸币发行权分散于官银钱号、私人钱庄及外资银行，直至1905年成立大清户部银行才开启中央银行纸币发行体系。这种传统与近代并存的货币格局，直至1935年法币改革方告终结。

白银购买力

古代货币的购买力始终处于动态变化中，不同朝代、不同地域的物价差异往往超出现代人的想象。那些影视剧中动辄"一顿饭花几百两银子"的情节，若放在真实历史背景下，无异于天方夜谭。从唐代到清代，1两银子的重量始终固定在37克左右，但其背后的购买力却随着经济起伏存在巨大波动。

唐代初期，白银尚未成为流通货币，百姓日常交易主要依赖铜钱。贞观年间"斗米三文"的记载，意味着当时 1 文钱能买约 6 公斤大米，1 两银子折合 1000 文铜钱，理论上可购米 6000 公斤，足够一个五口之家吃上五六年。

这种惊人的购买力源于唐初均田制下农业生产的恢复，但安史之乱后，铜钱贬值导致银钱兑换比例攀升至一两兑 1500 文以上，物价也随之上涨。白居易笔下"一车炭，千余斤"仅换得"半匹红纱一丈绫"的场景，正是中唐经济凋敝的写照。

宋代白银逐渐进入流通领域，但铜钱仍是市井交易的主角。北宋汴京城里，1 碗馄饨 2 文钱，1 匹绢帛 1200 文，普通百姓日均消费不过 10 文左右。到南宋时期，由于铜矿短缺，1 两白银最高可兑 3000 文铜钱，这间接推动了纸币"交子""会子"的诞生。

官员俸禄虽以钱粮为主，但《梦溪笔谈》记载，宰相月俸 300 贯足够在汴京购置三进宅院，可见当时白银的实际价值之高。

明代货币体系经历了剧烈震荡。洪武八年（1375）发行的"大明宝钞"因滥发迅速贬值，至正统年间已形同废纸，迫使朝廷重新启用白银。万历年间 1 两白银可稳定兑换 1000 文铜钱，但物价较前朝显著上涨：北京城 1 石米（约 95 公斤）售价 7 钱至 1 两白银。西门庆在《金瓶梅》中宴请官员，整桌酒席花费 1 两银子已算体面，其中包含烧鸭、时鲜果品和金华酒等。

清代延续银钱并行的货币制度，乾隆年间 1 两白银约兑 1000 文制钱，但普通百姓仍以铜钱为主要流通工具。京城茶馆里一壶茶 3 文钱，客栈住宿 30 文一晚，雇工月薪不过 300 文。

刘姥姥进大观园时感叹"二十两银子够庄户人过一年",这与《清稗类钞》中记载的物价相符——光绪年间，直隶地区雇农年收入约 12 两白银，勉强维持温饱。《红楼梦》里极尽奢华的螃蟹宴，实际花费 20 两银子，确实"够我们庄户人过一年了"。

即便是富贵人家，日常开销也远不及影视剧描绘的那般夸张。影视作品的常见谬误，多源于对白银价值的误解。例如某剧中角色随手掏出 5 两银子付饭钱，实际在明代足够普通家庭数月开销。而"千两白银"的悬赏，若放在唐代相当于 600 万文铜钱，足以买下整条街市的商铺。这些艺术加工虽增强了戏剧效果，却模糊了真实的历史图景。

事实上，古代平民终其一生都难触摸整锭白银，市井交易多用铜钱串或钱票，碎银流通需经专门称量，就连县太爷的俸银也要熔铸成小块才能使用。

官员薪俸

从古至今，官员收入制度不仅是国家治理的经济基础，更是权力结构、社会等级和廉政生态的缩影。看官员收入，要分为三个角度：

一是制度性收入，包括薪俸和实物福利；

二是潜规则的灰色收入；

三是腐败性收入。

先看正常的制度性收入。

西周时期的俸禄制度与宗法分封紧密相连。天子以土地为纽带，按爵位高低将采邑分封给诸侯与贵族，受封者通过征收封地赋税获得收入，形成了"世卿世禄"的等级秩序。

秦国商鞅变法打破了这一传统，推行"量功受禄"的军功爵制：士兵斩敌首级可晋升爵位，并依据爵位高低领取俸禄。这一制度以功绩而非血缘为分配标准，不仅激励了秦军战斗力，更推动了社会人口流动。

秦代统一后，将官员俸禄纳入中央集权体系，以"石"为单位的粟米作为主要俸禄形式，按"秩级"（如万石、二千石）发放，标志着"秩禄制"的诞生。

汉代继承秦制并加以细化。西汉初期，官吏俸禄以粮食为主，最高秩的"三公"年俸达 4200 石（约合今 11 万斤米），而基层"斗食佐吏"月俸仅 8 斛，相差 50 倍。

东汉时期，俸禄改为半钱半谷发放。同时增设"腊赐"（年终赏赐）等福利。但到东汉末年，俸禄折色（银钱折算）比例已超 60%，实物货币化加速了土地兼并。

唐代俸禄制度趋于复杂化。官员收入包括禄米、职田、月俸钱等。《通典·职官》载贞观年间正一品京官年俸七百石禄米，外官虽无固定俸钱，但可通过职田（一品 1200 亩）和力役（征发民力）获得收入。但安史之乱后，职田多被藩镇侵占，中央财政控制力减弱。

宋代将俸禄制度推向高峰。北宋初年，官员正俸包括料钱、衣赐、禄粟等，《宋史·职官志》载宰相月俸 300 贯，另有"职钱""添支"等补贴。元丰改制后，苏轼任翰林学士月禄达 128 贯，其中职钱 48 贯、衣绢 20 匹。

南宋时期，俸禄进一步货币化，《建炎以来朝野杂记》载绍兴年间（1131—1162）临安米价每石 3 贯，官员俸禄中现钱比例达 75%。尽管宋代俸禄优厚，但冗官问题导致财政吃紧。

明代俸禄水平跌至历史低谷。《明会典》载正七品知县月俸仅 7.5 石米（约合今 900 斤），折银后不足 5 两，而实际开支需 20 两以上。

正是在明代低薪制的背景下，胡椒、苏木折俸事件成为财政危机的集中爆发点。自郑和下西洋后，大量东南亚香料涌入国库，朝廷为缓解财政压力，自永乐年间开始以胡椒、苏木折抵官员俸禄。宣德九年（1434）规定，胡椒每斤折钞 100 贯，苏木折钞 50 贯，官员俸禄半数为宝钞，半数用香料抵充。这一政策持续近百年，至成化年间因库存耗尽才告终止。

万历初年，张居正为填补国库亏空，再度强制推行以胡椒、苏木折俸，京官俸禄尽数替换为香料。此时胡椒市价已从明初每斤 20 两白银暴跌至三五两，底层官员如礼部主事童立本因无法变卖香料养家，竟自尽明志，留下"今夜去当安乐鬼，胜似人间六品官"的悲叹。

清代在继承明制的基础上进行改革。据《大清会典》载，一品京官年俸 180 两白银，辅以禄米 180 斛，但地方官员俸禄更低。雍正帝推行"养廉银"制度：总督年养廉银达 2 万两（如李卫任浙江总督时养廉银为 2.8 万两），知县约 1000 两，相当于正俸的 50～100 倍。这项改革将耗羡归公（火耗率从 30% 降至 10%）与养廉银结合，使雍正朝贪污案件较康熙朝下降 40%。但至晚清，养廉银被摊派克扣，制度逐渐失效。

冰敬炭敬

以明清为例，看一下官员灰色收入，对应了"一任清知府，十万雪花银"的俗语。这些灰色收入主要包括附加税、陋规和送礼文化。

明清时期，为填补收支缺口，他们发明了名目繁多的附加税，如"火耗""仓耗"等，以税收损耗为名额外征收，实际成为私产。这类附加税最初并无制度依据，但逐渐被默认合法化，成为地方财政的重要来源之一。

陋规，则是在日常行政和司法环节中的明目张胆的盘剥。如州县官员审理案件时，原告需交"赃罚银"，被告需交"赎罪银"，衙役则抽取"鞋脚费"。这些费用并无律法规定，却成为当时的官场潜规则。据学者统计，清代陋规种类达521种，州县官员仅靠陋规年收入即可达3万两白银。这些收入需按潜规则分配，约七成用于向上级"孝敬"，三成留作自用，形成"三分归己，七分送人"的利益链条。

节假日、大小事的送礼文化则是官场潜规则的另一体现。清代官场送礼讲究"雅称"与"暗号"，夏季送"冰敬"，冬季送"炭敬"，表面是体贴京官消暑取暖，实乃系统性行贿。冰敬数额按品级递增。送礼方式更为隐蔽，礼单上不写金额，而是以诗句为暗号，如"梅花八韵"代表8两，"毛诗"代表300两。地方官员调任或述职时，还需额外准备"别敬"，数额往往以万两计，成为官场晋升的"润滑剂"。

灰色收入与送礼文化，本质是制度性漏洞的产物。当合法收入不足以维持体面生活时，官员必然转向非法手段。皇帝对官场腐败并非不知情，但出于维护统治的需要，往往采取默许态度。

而更大的腐败，则是虚报作假的巨额贪污、徇私枉法的巨额受贿，这个红线，在皇帝眼中是不能允许的。但受到王朝制度局限性的制约，古代官员腐败问题始终不能有效解决。无论是高薪养廉，还是剥皮楦草的酷刑，都不能杜绝人一旦拥有权力之后的物欲私心。

此外，我们在谈论古代惩贪之时，总是感动于朱元璋对基层官员的反贪酷刑，乐道于和珅的"贪污大清二十年财政收入"的野史，却忽略了明代宗室对天下财富的侵占，忘记了和珅再有钱，也只能排第二，王权天下，一座圆明园又是多少冰敬炭敬、民脂民膏。

相关文物

出土于晚清时期的商鞅方升，是战国秦孝公十八年（前 344）推行变法时颁布的标准量器，也是现存最早融合法令铭文与实测数据的官方度量衡实物。

此器通长 18.7 厘米，内腔容积 202.15 毫升，印证了器身铭文"十六寸五分寸壹"（1 升＝16.2 立方寸）的数学定义。

器壁三面及底部均刻有铭文。铭文分两阶段呈现：正面为商鞅（大良造鞅）监制时的范铸铭文，75 字篆书；左侧錾刻秦始皇二十六年统一诏书："皇帝尽并兼天下诸侯，黔首大安，立号为皇帝，乃诏丞相状、绾法度

商鞅方升

量则不壹歉疑者皆明一之。"

2017 年,"张献忠江口沉银"银锭于四川省眉山市彭山区岷江河道被发掘,为明末大西政权遗物,亦是抢掠的民脂民膏。

"张献忠江口沉银"银锭

日晷与嘉量位于故宫太和殿前,日晷为汉白玉石制,利用晷针投影测定时辰;嘉量则由青铜镏金铸造,主体为斛形器具,刻有乾隆帝仿新莽时期制定的容积标准。二者分别代表时间与空间的官方度量体系,置于皇权中心区域,昭示帝王掌控天文历法、统一国家标准的治国理念,兼具实用功能与政治象征意义。

日晷与嘉量

十一、鞭打芦花：织物与色彩

晴雯补裘，补的是什么衣服？

按书里说法，这是"哦啰斯国拿孔雀毛拈了线织的"，其实是用孔雀脖子底下最细软的绒毛，混着蚕丝搓成线，再掺进捶得头发丝粗细几百分之一的金箔丝织成的。光是一件裘衣的孔雀毛就得杀上百只孔雀。

晴雯拼死补裘，补的既是贾宝玉的面子，也是贾府摇摇欲坠的排场。

关羽"灞桥挑袍"，又是什么袍子？

汉代贵族穿的袍子多用锦、纨这类厚实的提花丝绸。实战中武将的袍子可能会更实用些，比如用耐磨的绢帛作面料，里面加一层麻布或棉絮衬里。至于戏曲舞台上关羽穿的那身绿缎金绣的袍子，其实是明清以后才有的设计，缎子本身比汉代的锦更光滑亮眼。说到底，这袍子是什么材质不重要，关键是故事里"一赠一挑"的举动——曹操想用华服示好，关羽用刀尖划清界限——两人拉扯的哪是衣服，分明是忠义和权谋的较量。

衣料演变

中国人服饰材料的演变可追溯上万载光阴，大致以近代工业文明为界，分为古代与近现代两大阶段。

在远古至明清的漫长岁月里，服饰材料历经了四次重大更迭——从先民披挂的兽皮，到农耕时代的麻葛粗布；从丝绸之路上闪耀的蚕丝锦缎，再到温暖千家万户的棉布衣裳，四大主导材料在时代更迭中依次登场，编织出华夏衣冠的千年图谱。

早期人类以兽皮御寒，用骨针将鹿皮、羊皮简单缝制。这种原始服饰随着部落迁徙，在草原上延续了数千年。

进入新石器时代，农耕定居促使人们寻找更轻便的制衣材料。大麻、苎麻茎皮经沤制剥离出纤维，随后纺线织布制成的粗麻衣，虽不及皮毛保暖，却能满足农耕劳作需求，成为早期农业社会的主要衣料。

黄河长江流域的先民在驯养桑蚕过程中，发现了蚕丝这种特殊材料。热水煮茧缫（sāo）丝，配合提花织机，织出轻若烟雾的丝绸。西周墓葬出土的几何纹锦，已呈现出复杂的织造工艺。

这种精美的织物通过丝绸之路远销罗马，成为东西方贸易的重要商品。丝绸不仅满足了贵族服饰需求，更成为中华文明的重要象征。

宋元时期棉花种植推广，带来服饰材料的重大变革。黄道婆改进的纺织工具使棉布生产效率提升，松江府出现了专业化纺织作坊。棉布凭借中空纤维的保暖性和耐磨性，逐渐取代麻布成为大众衣料。

明清时期，靛蓝染色技术成熟，江南生产的青花布、药斑布通过海上贸易销往东南亚，甚至影响了欧洲纺织业的发展。此时，羊毛与棉纱混织的毛毯、提花棉布等新品种，展现出材料融合的实用性。

20世纪工业技术发展，彻底改变了服装材料格局。

30年代尼龙问世后，50年代涤纶实现量产，中国称其为"的确良"。70年代，这种挺括易干的化纤面料风靡全国。上海纺织厂日产量达30万米，北京百货大楼日销8000件衬衫，尽管价格相当于工人1/7月薪，仍供不应求。90年代后，随着纯棉回归和混纺面料兴起，"的确良"逐渐退出主流，但其反映的工业时代印记，仍留在人们的记忆中。

毛皮与麻葛

毛皮的使用历史可追溯至远古时期。北京周口店山顶洞人遗址中发现的骨针与兽皮残片证明，原始人类已开始用兽皮缝制简单衣物抵御风寒。随着狩猎技术的进步，新石器时代先民对毛皮加工更为精细，甘肃秦安大地湾遗址出土的鸵鸟蛋壳装饰品上，残留着用赤铁矿染色的狐狸毛，表明当时已出现用兽毛装饰的行为。

古代用于制作毛皮的动物种类繁多，北方草原民族偏爱羊皮，其"二毛皮"（羔羊出生后第二次脱毛所得）轻盈保暖；东北地区则用鹿皮制作"关东三件宝"中的鹿皮袄。狐狸皮以银狐、蓝狐为贵，唐代《唐六典》记载宫廷每年需进贡"玄狐裘五十领"；貂皮中的紫貂堪称极品，仅产于大兴安岭，元代起成为皇家贡品。

特殊皮毛如虎皮象征威严，多见于武将铠甲；豹皮因斑纹独特，常被道家用于制作法袍。

毛皮加工流程复杂，需经多道工序。首先将生皮浸泡于溪水中软化，用木槌反复捶打使其脱脂。脱毛工序使用天然石灰水，辅以动物尿液中的氨成分加速毛根分解。

鞣制阶段，北方游牧民族采用"烟熏法"，将皮张悬于毡房梁上，以松木、桦树皮燃烧产生的烟雾缓慢鞣制，使皮革呈现琥珀色光泽；中原地区则发展出"植鞣法"，利用栎树皮、茜草根等植物鞣剂，使皮革柔软耐腐。

缝制工具方面，除骨针外，商代已出现青铜针，但主要用于缝合厚革，细皮仍以兽筋线手工缝制。

毛皮的整体用途广泛，可制作裘衣、皮袍、皮袄等主服。新疆阿斯塔纳唐墓出土的羊皮袄，采用"倒毛"工艺（毛朝内），既保暖又避免外层结霜。

单独皮件用于制作靰鞡鞋（东北牛皮靴）、箭囊等实用器物，辽代契丹骑士的"皮室军"，其铠甲即以多层牛皮叠制而成。

毛料则用于填充被褥，陕西法门寺地宫出土的唐代衾被，填充物为獐子毛与鹅毛混合，蓬松度远超同期棉絮。

贵族毛皮服饰等级森严。汉代诸侯着"羔裘豹饰"，在白狐裘袖口饰以豹纹。明代藩王墓出土的"金缕裘"，以金线将孔雀毛与貂毛编织。清代皇室皮草体系更为繁复：皇帝冬朝冠用黑貂，端罩（冬季礼服）用紫貂，皇后朝褂则配青狐腋毛。

平民毛皮服饰注重实用。宋代《东京梦华录》记载，汴京百姓冬季多着"褐"，即以粗麻为表、羊皮为里的袄子。北方民间流行的"羊皮筏"，实为整张羊皮缝制的浮水工具，兼具实用与救生功能。在皮毛获取方面，存在"田猎"制度，如《礼记》规定"春猎为搜，冬猎为狩"，平民可参与冬季围猎分配皮毛。

典故和文学中，如宋代"苏武牧羊"故事，苏武持节杖上的旄节（牦牛尾）与裘衣的羊皮，成为坚贞不屈的象征。元代关汉卿《窦娥冤》中"六月飞雪"的典故，其原型可能源于皮毛贸易中的"雪貂"传说。

麻葛作为古代百姓衣着的基本材料，其种类与用途呈现鲜明的自然属性差异。

麻类作物品种丰富，主要包括大麻、苎麻、黄麻、苘麻等，其中大麻与苎麻在纺织领域占据核心地位。大麻植株依性别区分用途：雄株称枲（xǐ），纤维柔韧，适合织造细密布料；雌株名苴（jū），茎秆粗硬，多用于编织粗布。苎麻则因纤维细长成为精细纺织的首选材料，其织物触感细腻，品质上乘。

葛作为藤本植物，虽纤维粗硬却独具实用特性。依纺织精度，葛布分为粗绤（xì）与细绤（chī）两类，前者多用于平民日常衣着，后者则供上层社会使用。这种分级制度在后续社会发展中得到强化，不同品质的葛布成为阶层身份的象征。

自新石器时代萌芽的麻葛纺织技术，历经数千年发展形成完整体系。早期通过沤渍法自然脱胶，至汉代已掌握石灰水煮练的化学脱胶工艺，显著提高了纤维处理效率。唐代织造技术达到新高度，麻布经密达 30 根/厘米，堪比现代粗棉布；葛布更创新采用绞经罗组织，通过经纬绞转形成透气孔隙，兼顾致密与通透。

技术突破直接推动麻葛产业成为经济命脉。唐代《唐六典》记载，全国年征麻布超 160 万端（约 8000 万米），占赋税布帛总量的 67%。这种规模化生产促成了"北麻南葛"的产业格局：黄河流域主产大麻，长江流域盛产苎麻，岭南地区专精葛布织造。即便明清时期棉纺织业崛起，麻葛仍凭借独特性能占据一席之地，《天工开物》盛赞福建葛布"吸汗如云"，江苏苎布"轻透逾绸"。

社会等级制度在织物分配中留下深刻烙印。《新唐书》规定五品以上官员服白苎衫，需经二次沤麻（40～50 天）与研光处理，使苎麻细度达 1800 公支，远超平民使用的粗麻布。汉代"细布之禁"更严格限制民间使用精纺麻布，平民只能穿着经密 12 根/厘米以下的制品。周代丧服制度将苎麻"斩衰"列为五等丧服之首，形成"披麻戴孝"的礼仪传统，使麻织物成为社会伦理的物质载体。

现代科技重新发现麻葛的材料价值。苎麻导热系数 0.083W/（m·K），优于棉纤维 11%，使其仍用于高端时装及苍南夹缬非遗工艺。葛麻天然中空纤维结构（孔隙率 38%）赋予其抗菌特性，经检测对金黄色葡萄球菌抗菌率超 90%，在医疗敷料领域展现应用潜力。这种传统材料的现代转化，既延续了数千年的工艺智慧，又赋予了其新的生命力。

丝绸

丝绸是中华文明最具代表性的物质文化遗产之一。这种以桑蚕丝为原料织造的纺织品，承载着五千年的工艺智慧与文化密码。经过历代发展，丝绸不仅成为身份象征，更通过丝绸之路影响世界，成为东西方文化交流的桥梁。

其起源可追溯至新石器时代，1958 年浙江吴兴钱山漾遗址出土的绢片与丝带，证实距今 4700 年前的中国先民已掌握基础的丝织技术。至商周时期，丝绸生产形成规模化体系，《尚书》记载"厥篚（fěi）厴（yǎn）丝"，可见当时已将丝绸作为贡品流通。

丝绸工艺体系包含完整的生物与机械流程。

每年春季，蚕农以桑叶精心饲养家蚕，历经四眠后进入结茧期。单个蚕茧可抽出 800～1200 米生丝，需经缫丝工艺将数根茧丝合并成生丝。传统纺线使用手摇纺车，通过加捻使丝线获得强度。

织造环节尤为关键，唐代《唐六典》记载"凡织纴之作有十"，包括平纹、斜纹、缎纹等多种织法。宋代《耕织图》更详细地描绘了从采桑到织造的 24 道工序，展现出完整的生产链。明清时期，苏州、杭州等地形成"机户出资，机工出力"的丝绸生产模式，推动了产业规模化发展。

现代丝织品分类承袭古代智慧又有所创新，形成完整的品类体系，依据组织结构、工艺、外观及用途，分成 14 个大类：纱、罗、绫、绢、纺、绡、绉、锦、缎、绨、葛、呢、绒、绸。

我们先来看一下常说的绫罗绸缎的区别。

绫类采用斜纹组织，表面呈现斜向纹路，质地轻薄；

罗通过绞经形成纱孔，轻薄透气，适合夏季服饰；

绸类密度高且平滑光亮，触感细腻；

缎纹织物经纬交错形成缎面，光泽度最高，常用于礼服制作。

此外，纱织品经纬稀疏，适合制作纱巾、窗帘；绉类通过加捻形成自然皱纹，富有弹性；锦采用重组织配合提花工艺，图案华丽；绨为粗厚丝织品，多用于书画装裱；帛作为古代通用丝织物名称，现多指代素色丝织品。

纺织机械革新深刻地改变了丝绸生产形态。汉代提花机已能织造复杂纹样，马王堆汉墓出土的素纱襌（dān）衣即为其杰作，仅重49克。至近代，动力织机取代传统木机，19世纪末上海建立的机器缫丝厂，使生丝产量提升了数十倍。

缂丝与织锦代表着织造技艺的巅峰。

缂丝以"通经断纬"技法著称，在织造过程中，纬线根据图案需要分段换色，形成精细的纹样。宋代缂丝多模仿书画艺术，如《莲塘乳鸭图》缂丝，通过局部回纬工艺表现水墨晕染效果，被誉为"一寸缂丝一寸金"。明清时期缂丝与织锦结合，发展出"妆花缂丝"，在皇家服饰中广泛使用。

织锦工艺则通过提花织造技术织出复杂纹样。中国四大名锦各具特色：蜀锦以经线起花见长，汉代已能织出"五星出东方利中国"等精密纹样；云锦采用"妆花"技法，用金线、孔雀羽线织出华丽纹饰；宋锦以纬线显花为主，通过经纬线密度变化形成明暗层次；壮锦融合壮族文化元素，展现民族特色。这些织锦通过复杂的花楼织机操作，将数学计算与机械原理融入艺术创作。

官方丝绸管理机构见证了产业兴衰。唐代设"织染署"，宋代置"文思院"，明清设"江南三织造"，这些机构既监管生产又承担皇家织物造作。其中苏州织造府专为皇室提供绫、罗、绸、缎等精品，档案记载乾隆年间曾一次传旨织造"云锦袈裟四十件"。

丝绸之路的开通使丝绸成为东西方贸易核心，《汉书》记载"自敦煌西至盐泽，往往起亭，而轮台、渠犁皆有田卒数百人，置使者校尉领护"，显示官方对丝绸商路的重视。这条横贯欧亚的商道，不仅输送丝绸，更促成了技术、宗教与艺术的深度交流，使丝绸成为文明互鉴的载体。

棉花与棉布

棉花这种看似寻常的纤维作物，实则承载着人类纺织文明的重大变革。其起源可追溯至印度河流域文明，约公元前 5000 年印度次大陆已存在野生棉种植。至汉代张骞通西域时，亚洲棉经滇缅通道传入中国海南、云南等地，《后汉书·西南夷传》记载的"哀牢夷"种植木棉，即为早期引种记录。

宋元时期，草棉自非洲经海上丝绸之路与蒙古草原商路双向传入，因其适应性强逐渐取代了亚洲棉，《御制木棉赋并序》中"木棉收千株，八口不忧贫"的农谚，印证了 13 世纪棉作已具规模。

明代徐光启的《农政全书》系统总结了棉田耕作、选种、治虫技术，反映了长江流域"寸土皆有"的盛况。

棉花成为大众衣料经历了漫长历程。

宋元以前，丝绸与麻葛主导服饰领域，棉织物被称为"白叠布"，多作贵族观赏之用。关键转折出现在元代，黄道婆自崖州返乡后，革新棉纺工具与工艺。她将黎族单锭脚踏纺车改为三锭纺车，效率提升了3倍；推广"错纱配色"织造技术，使棉布能呈现复杂纹样。

上海乌泥泾镇由此成为棉纺技术中心，松江棉布"衣被天下"的格局初现。至明代，朱元璋强制推广棉作，《大明会典》记载全国征收棉绒达100万公斤，官方设立织染局专司棉布生产。

棉花加工形成完整工艺链。采棉后需经轧花去籽，元代《王祯农书》记载的"木棉搅车"已具备曲柄连杆机构。纺线环节，手摇纺车将棉纤维加捻成纱，明代宋应星《天工开物》描绘"每人一日可纺二三两"的场景，并详述了"赶纱"工艺。

织布采用腰机或斜织机，经纬交织出平纹、斜纹棉布。

作为填充物时，棉花经弹松工序变得蓬松柔软，元代《农书》记载"木棉弹弓，以竹为之，长可四尺许"，通过反复击打使纤维松散，增强保暖性。明代《便民图纂》更记载以稻秆灰汁浆过，可免蛀蚀，显示防蛀处理技术。

棉与其他材质的混纺展现工艺智慧。宋代出现棉麻混织布，福建泉州出土的南宋棉麻混纺布，兼具棉的保暖与麻的挺括。明代出现丝棉交织的"妆花缎"，用于高级服饰，定陵出土的明神宗龙袍即采用此工艺制作。清代更发展出棉与羊毛混纺的"毡布"，用于制作帐篷。

现代化纤技术赋予棉花新生命。19世纪后期，黏胶纤维、涤纶等化纤问世，最初作为棉的替代品。但人们很快发现，棉与化纤混纺能结合两者优点：棉的天然亲肤与化纤的强韧耐久。现代牛仔布采用棉涤混纺，既保留棉的舒适，又增强耐磨性。这种材料革新，使古老的棉花在现代纺织工业中继续焕发活力，从日常服饰到高科技面料，持续演绎着纤维传奇。

刺绣与印染

古代织物美化工艺以刺绣、印染、织造为核心。

刺绣工艺以针线在织物表面附加纹饰，具有立体装饰效果。四大名绣（苏绣、蜀绣、粤绣、湘绣）形成鲜明地域特色：苏绣擅长表现猫犬毛发，湘绣以狮虎题材著称，粤绣多用金银线勾勒轮廓，蜀绣有水墨画的格调。刺绣通过线材的质感与堆叠，创造出织物表面丰富的肌理变化。

印染工艺为织物增添色彩层次。

织造与印染、刺绣常组合运用。如明代《天水冰山录》记载的严嵩抄家清单中，既有妆花缎（织锦）、闪色缂丝（缂丝）等精品，也有刺绣的"蟒龙""百蝶"纹样织物。这种分层装饰体系，既体现工艺分工的精细化，也反映"技近乎道"的传统造物理念。缂丝作为织造工艺中的特种技艺，与织锦的提花艺术、印染的色彩渗透、刺绣的立体表现共同构成古代织物装饰的完整美学体系。

织物印染与绘画颜料既有区别又彼此关联。

二者虽同属着色材料，但工艺路径和美学追求截然不同。绘画颜料需用胶或油调和，以笔触覆盖平面形成色层；织物染色则依靠水为介质，通过浸染使色素渗入纤维。这种差异让颜料色彩更为浓烈，而染布则呈现柔和的渗透质感。不过从色彩体系看，它们共享同一套色名与文化符号，比如敦煌壁画里的石青、朱砂，在同期织物上也可见到相同色系。宋代《营造法式》记载的"天青""藕荷"等色名，既用于建筑彩绘也出现在丝织品上，说明色彩文化在不同艺术门类间互通。

古代染料的制备过程充满自然智慧。

红色系染料中，红花需经发酵提取茜素，茜草则通过水煮浓缩取色；黄色来自栀子的藏红花酸和黄檗（bò）的小檗碱，明代《天工开物》记载用黄连制硝石染黄衣的工艺；靛蓝染料需将蓝草"打靛"还原成可溶隐色体；紫色作为皇室专用色，需用贝紫反复媒染。矿物色工艺更为考究：朱砂研磨成微粒制成悬浮液，石绿经煅烧后与米汤调和成釉彩。这些天然染料通过套染组合，衍生出"藕荷""秋香"等数十种中间色，构建了完整的传统色谱体系。

印染工艺依防染技法可分为四类，各具特色。绞缬即扎染，通过捆扎布料防染，唐代文献记载的"以绳结扎"印证了其原理。夹缬用雕版夹布施染，多用于屏风装饰，纹样具有版画般的硬朗美感。蜡缬即蜡染，西南少数民族至今沿用，蜂蜡裂纹与染液晕染形成朦胧层次。灰缬以草木灰防染，宋代文献描述"涂灰作花鸟"的素雅风格。元代更发展出三套色技法，通过多次套染形成渐变效果，如"雨过天青"等复合色，展现了工艺的精湛。

古代色彩使用深受古代礼制与哲学的影响。西周《礼记》规定"衣正色，裳间色"，将青赤黄白黑定为正色，紫绿等为间色，形成色彩等级制度。秦汉尚黑，因五行中黑属水，契合朝代更迭的合法性。唐代朱紫盛行，红表示权力，紫显神秘，反映了开放的风气。宋代流行天水碧，源自南唐后主典故，成为文人雅士追求的风尚。特殊禁忌同样严格：白色用于丧服，因属金对应肃杀之气；科举禁用红色，要求士子着素色襕衫；明代规定庶民不得用纻丝罗缎，通过服饰材质强化社会分层。这些规范既体现了"辨贵贱"的礼制思想，也渗透着中国古代的阴阳五行观念。

相关文物

红地对人兽树纹罽（jì）袍，为东汉晚期毛织袍服，1995 年于新疆尉犁县营盘遗址 15 号墓出土。衣长 110 厘米，双袖展开 185 厘米，采用红、黄双色经纬织成双层两面纹毛料，正反面花纹相同但底色互异，交领右衽，下摆两侧开衩，内衬淡黄色绢，左下襟和袖口拼接三角形"卷藤花树"纹罽及彩条纹罽。

其纹样以石榴树为轴，每区横向排列六组两两相对的裸体卷发男性人物（持矛、盾、剑对练）及对牛、对羊图案，人物肌肉夸张隆起，兼具希腊罗马人体艺术与波斯对称风格。

红地对人兽树纹罽袍

2013年，成都老官山汉墓出土了4台保存相对完整的汉代织机模型，这是我国首次发现的2000多年前的织机模型。这几台织机模型结构复杂，包含多个部件，如机架、踏板、综片、经轴等，展示了汉代织机的精妙设计和高超技艺。

连杆式一勾多综提花织机模型

《捣练图》中，"捣练"意为捣洗煮过的熟绢。长卷上共画了12个人物形象，按劳动工序分成捣练、织线、熨烫三组场面。

唐张萱《捣练图》（宋摹本，局部）

十二、器物的革命：材料与工艺进化

以宋仁宗为主角的某部古装剧中，张贵妃收受王拱辰之妻所赠定窑红釉瓷瓶，被宋仁宗看到，大发雷霆，直接给打碎了。固然这件事碰了后宫私下联络外官的红线，但也可见这瓶子的贵重。北宋天圣年间有诏令限制定窑珍品入宫，这也符合古代技术伦理中"奇技淫巧不得惑上"的精神。

宋代以汝窑、官窑青瓷闻名，而纯色红釉瓷则更为少见。苏东坡有"定州花瓷琢红玉"的诗句。定窑红釉的工艺本质在于不可控的窑变机制，成品率极低。清代"复烧"实为概念偷换。雍正年间，仿红定器采用钴蓝料打底、矾红彩覆盖的二次烧成法，与宋代单次窑变工艺存在本质差异。

这个案例可以看出两个常识：

一是古代陶瓷珍品是以极低成品率为基础的；

二是陶瓷技术的进步方向，从随机性到可控性，必然涉及工艺变化，而不是一味追求原汁原味的古法。

陶器

陶瓷是人类文明发展历程中贯穿始终的重要物质载体，其演变史堪称一部用泥土书写的技术与艺术的史诗。

陶与瓷的本质差异根植于材料与工艺：

一是普通陶器以含铁量较高的黏土为基，掺入砂粒或植物纤维增强性能，经 $800 \sim 1200$℃烧制后形成多孔胎体，汉代灰陶罐吸水率可达 15%，断面粗糙且敲击声沉闷。

二是瓷器需采用高岭土或瓷石配以长石助熔剂，在 1200℃以上高温中使胎体玻化。东汉浙江上虞小仙坛窑遗址出土的青瓷吸水率已低于 0.5%，胎体透光性显著，叩之清越如磬。

三是介于二者之间的炻器（如宜兴紫砂）吸水率达 $0.5\% \sim 3\%$，虽在现代陶瓷学中单列，但因其历史传承仍属广义陶器体系。

早在约 2 万年前的旧石器时代晚期，江西仙人洞先民便以泥片贴筑法制成世界最早的陶罐。

至新石器时代，黄河流域的仰韶文化开创彩陶艺术巅峰，半坡遗址的人面鱼纹盆以赤铁矿（Fe_2O_3）绘制图腾，庙底沟类型的旋纹彩陶罐则使用赤铁矿与软锰矿（MnO_2）混合颜料；黄河上游马家窑文化的涡纹彩陶壶以流畅线条模拟水流动态，舞蹈纹彩陶盆定格原始部族祭祀场景。

与此同时，山东龙山文化的轮制技术高度成熟，烧制出仅 $0.3 \sim 1$ 毫米厚的弦纹高柄杯，通过封闭堆烧环境渗碳形成乌黑光泽；长江流域良渚文化的刻符黑陶鼎，在多个遗址累计发现 500 余种刻画符号，余杭卞家山遗址的陶器符号可能用于宗教仪典记录。

商周时期，白陶与印纹硬陶并行发展。安阳殷墟出土的刻饕餮纹白陶豆，选用高铝坩子土经 1000～1100℃ 氧化焰烧成，质地坚硬洁白，成为贵族专属礼器；普通民众使用的印纹硬陶罐表面拍印方格纹、回纹，胎体致密度显著提高。

郑州商城遗址发现的原始瓷尊，以瓷石为胎施青绿釉，经 1150～1200℃ 烧制，虽釉层厚薄不均，却标志着向瓷器开始过渡。

此时期窑炉技术同步革新，商代竖穴窑通过改进火道提升控温能力，西周浙江地区出现的斜坡龙窑（如绍兴富盛窑址）长度已达 13 米，窑温的均匀性为后续瓷器量产奠定了基础。

秦汉大一统推动陶器生产规模化。秦始皇陵八千兵马俑采用模制分段（头、躯干、四肢分别制模）与二次覆泥工艺，跪射俑甲片接缝、发丝等细节纤毫毕现，局部残留的朱砂与石绿颜料显示原为彩绘。

汉代低温铅釉技术取得突破，绿釉陶奁、黄釉陶仓等明器釉面莹润，西安汉墓出土的陶制排水管长达 76 厘米，证实了建筑陶器体系已经成熟。瓦当艺术达到鼎盛，未央宫遗址出土的"长生无极"文字瓦当与四神纹瓦当，将建筑构件升华为艺术载体。

魏晋至隋唐，多元文化交融催生了陶艺新貌。北齐范粹墓出土的黄釉扁壶，壶身浮雕粟特风格乐舞纹，深目高鼻的舞者身着翻领胡服，印证了北齐皇室与丝路商旅的密切往来。

唐代三彩器以铅为助熔剂，通过 750～850℃ 釉烧使黄、绿、白三色（偶见钴蓝釉）交融流动。洛阳出土的唐三彩骆驼载乐俑，驼峰间铺设菱格纹毯，数位深目高鼻的胡人乐师持竖箜篌、曲项琵琶及觱篥等乐器，生动再现了粟特商队携乐工东行的历史场景。

南方长沙窑开创了釉下彩绘先河，用铜、铁氧化物在陶胎上绘制花鸟，更以诗文装饰器物，如"春水春池满"题诗壶将文学引入日常用器。

宋元时期，陶器在瓷器主导格局中另辟蹊径。辽代赤峰缸瓦窑烧制三彩摩羯鱼壶，巧妙地融合佛教神兽与游牧皮囊器形；西夏灵武窑黑釉剔花扁壶采用湿胎剔刻法，在半干胎体上剔去表层泥料，露出浅色胎体形成牡丹纹样，展现了党项族的审美特质。

明清陶器呈现出艺术化与专业化分野。时大彬改良紫砂拍打镶接技法，所制菱花壶筋纹清晰如花瓣舒展；陈曼生与杨彭年合作的曼生十八式，将金石篆刻与壶形设计完美融合。

广东石湾窑仿钧窑变釉独树一帜，"雨淋墙"釉色如骤雨倾泻，陶塑达摩像衣纹自然垂坠。

清代重建的故宫太和殿琉璃鸱吻高达 3.4 米，采用 9 窑 29 道工序烧成，釉料中的锑元素造就了帝王专属的明黄色泽。民间陶器更趋实用，云南建水陶发明"残帖"装饰法，将书法碑帖局部镶嵌于器表，江苏宜兴前墅龙窑至今仍以传统技法烧造粗陶砂锅。

瓷器

瓷器的发展史始终围绕着 3 个方向持续突破：对纯净单色釉的极致追求，对彩绘装饰技法的不断创新，以及器形结构与组合工艺的复杂化演进。

商周时期的原始青瓷开启了单色控制的探索。浙江地区的陶工选用瓷土制胎，在龙窑中烧制出表面施有草木灰釉的原始青瓷。这些尊、罐类器物虽胎质疏松，釉色青中泛黄且分布不均，但证明了高温烧制玻璃质釉面的可能性。

至东汉时期，上虞窑场改进釉料配方，将石灰石与草木灰混合，在约1260℃还原焰中烧成均匀的青绿色釉。越窑青瓷的诞生，标志着人类首次完全掌控单色釉技术。南京出土的东汉青瓷四系罐，通体青釉明净，证明此时已能稳定控制铁元素呈色。

白瓷的出现是单色控制的重大突破。北朝邢窑工匠通过反复淘洗将胎土含铁量降至1%以下，成功烧制出胎质坚白、釉色莹润的白瓷。

与之并行的彩绘革命始于长沙窑，这座位于湖南的窑场虽使用含铁量较高的陶土制胎，却通过施白色化妆土与铜绿彩绘技术，在约1200℃高温中烧制出带有诗文图案的釉下彩瓷，其青釉褐彩执壶上的"春水春池满"诗句，成为早期彩绘艺术的见证。

此时器形突破体现在仿金银器造型，如邢窑白瓷把杯的环形把手设计，明显受到粟特金银器的影响。

宋代的单色釉技术达到顶峰。汝窑天青釉通过精确控制窑炉还原气氛，使釉色呈现微妙的天青色调，釉面铁元素含量仅0.8%～1.2%。钧窑早期以天青、月白等铁系青釉为主，至金元时期发展出铜红窑变技术，在釉层中形成晚霞般的绚烂色彩。

福建建窑专注黑釉体系开发，兔毫盏的银丝纹理源于釉料中

151

氧化铁在约 1300℃高温下析出 $\alpha\text{-}Fe_2O_3$ 晶体；而江西吉州窑独创木叶贴花工艺，将腐蚀处理的真实树叶贴于胎体，施黑釉烧成琥珀色叶脉纹理。

磁州窑白地黑花工艺采用斑花石颜料，在化妆土上绘制的婴戏图枕，与定窑竹刀刻花的莲花纹样形成鲜明对比——河北曲阳窑工在未干瓷胎上精准刻出 0.3 毫米深的浮雕图案，开创了胎体装饰的新维度。

元明清三代实现了三项技术的全面融合。元代青花瓷将钴料绘画与透明釉结合，景德镇窑工通过调整钴料配比，使苏麻离青料呈现出从靛青到紫褐的丰富层次。明代斗彩技术实现了釉下青花与釉上彩料的精准对位，成化鸡缸杯的雏鸡绒毛需经三次不同温度的焙烧。

当青花瓷历经 700 年发展后，清代粉彩以颠覆性创新接过彩绘大旗：景德镇匠人在釉料中引入氧化砷制成玻璃白，通过没骨画法使北京故宫藏粉彩过枝桃纹盘上的果实，在 0.2 毫米厚的彩料中呈现出 5 个明暗层次。1688 年法国传教士洪若翰带来珐琅颜料后，彩绘技术更是发展到调配百余种颜色的新高度。

造型技艺的突破贯穿整个发展历程。从宋代龙泉窑梅瓶的修长曲线，到元代八棱梅瓶的立体转折；从耀州窑犀利深刻的刻花，到湖田窑影青瓷通过胎体厚薄变化形成的隐浮雕效果，最终在乾隆时期汇聚成转心瓶的惊世之作。这种内外嵌套的旋转结构通过预留 0.3 毫米热膨胀间隙，使外瓶镂空窗格与内瓶画面在烧成收缩后完美对位。

3000 年发展，中国瓷器在火与土的淬炼中完成了 3 次跨越：

单色控制，从商代原始青瓷约 1.5% 的含铁量，演进到清代霁红釉对铜元素呈色的精准把控；彩绘艺术，自唐代长沙窑的简单褐斑，发展为珐琅彩的百余种矿物颜料调配；造型技艺，从仰韶文化陶器的基本形态，进化到转心瓶的动力学结构。

青铜器

青铜器是人类文明早期最重要的物质成就之一，这种闪耀着青绿光泽的金属器物，在 3000 余年间始终被先秦贵族垄断，成为权力与神力的象征。殷墟西区平民墓葬考古显示，商代平民随葬青铜器占比不足 1%，而妇好墓随葬青铜器超过 200 件，印证了技术与资源的阶层差异。

人们常说的"青铜"实际是铜、锡、铅三元合金，而铜与其他金属结合会产生不同色泽：

含锡 15% 的青铜呈金黄色，高锡（20% 以上）呈现银白色，加入锌得黄铜（铜锌合金），掺镍成白铜（云南明清镍白铜含铜 60%、镍 20%、锌 20%），纯铜则称为紫铜——这些颜色变化背后，是古代工匠对金属性能的深刻认知。

中国青铜技术的起源可追溯至新石器时代晚期。陕西临潼姜寨遗址出土的黄铜片（约前 4700 年，含铜 65%、锌 25%），可能是原始炉温不足致铜锌矿共熔的偶然产物；而甘肃齐家文化尕马台遗址出土的铜环（含砷 4%）则显示早期工匠对合金性能的探索。

真正成熟的青铜文明在商代爆发，安阳殷墟铸铜作坊遗址中，考古学家发现了数以万计的陶范残片，证明当时已系统使用铜（80%～85%）、锡（5%～15%）、铅（0%～15%）三元合金配方。贵族通过控制锡矿资源（主要来自长江流域）维系技术垄断，在祭祀中沟通天地。

先秦青铜器按功能分化出完整体系。

礼器及餐食器

① 食器

鼎：三足/四足烹煮器

簋（guǐ）：圈足盛粮器，多与鼎配套

鬲（lì）：三足袋腹煮粥器

甗（yǎn）：蒸器，上部甑（zèng）下部鬲组合

豆：高柄盛腌菜器

簠（fǔ）：长方形盛稻粱器

盨（xǔ）：椭圆盖盒盛谷物器

俎（zǔ）：切肉案板（商代兽面纹俎）

② 酒器

爵：三足温酒器，前流后尾

尊：鼓腹高圈足盛酒器

觥（gōng）：兽形盖饮酒/祭祀器

觚（gū）：细腰喇叭口饮酒器

斝（jiǎ）：三足温酒器，无流无尾

卣（yǒu）：提梁盛秬鬯（祭祀香酒）器

罍（léi）：大型敛口贮酒器

方彝（yí）：方体带盖祭祀酒器

瓿（bù）：小口短颈贮酒器

禁：承置酒樽的案台

③ 水器

盘：承水盥洗器

匜（yí）：注水器，与盘配套

鉴：大型盛水／冰器，可照容

盉（hé）：调和水酒器，三足带管流

兵器

戈（gē）：横刃勾啄器

矛：短直刺双刃器

戟（jǐ）：戈矛合体复合兵器

殳（shū）：无刃打击棍棒

剑：长直刺双刃器

钺（yuè）：斧类礼兵器，象征军权

镞（zú）：青铜箭矢箭头

弩机：扳机发射装置

胄（zhòu）：青铜头盔

乐器

编钟：悬挂演奏的成套乐钟

铙（náo）：口部朝上敲击的祭祀乐器

镈（bó）：形制似钟而口部平，打击乐器之一

錞于（chúnyú）：桶形军乐器，摇击乐器

铎（duó）：木舌铜铃，宣教用具

铃（líng）：小型悬挂发声器

青铜鼓（gǔ）：仿木鼓形制

工具

锄、斧、锛、凿、铲、削、锥、锯、渔钩

车马器

軎（wèi）：轴头固定器

辖：插入軎孔防轮脱落

銮铃：车衡饰铃

当卢：马额饰牌

马衔：马嚼子

节约：马络饰连接件

其他日用杂器

镜：磨制铜镜，背面有纹饰

带钩：衣带扣饰

燎炉：炭火取暖器

量（liàng）：容积标准器

权：秤砣

货币：布币、刀币、蚁鼻钱等

不同类别青铜器的合金比例需要精准调控。先秦《考工记》中记载：钟鼎类器物的合金比例为铜六锡一，斧斤类工具为铜五锡一，戈戟类兵器为铜四锡一，大刃类兵器为铜三锡一，削杀矢类为铜五锡二，鉴燧类器物为铜锡各半。

器物表面因合金差异呈现不同色泽，青铜本色也并非都是金色，如果锡含量高，则呈现银白色。如湖北九连墩楚墓错银铜壶泛着冷峻青灰，而妇好墓青铜鸮尊则透着暖黄光泽。

秦汉铁器普及后，青铜器褪去神秘色彩。汉代长信宫灯以镏金工艺将青铜转化为实用品，铜镜背面仙鹤祥云纹饰飞入百姓家，五铢钱标准化铜（70%～80%）、铅（10%～20%）、锡（2%～5%）配比，成为帝国经济血脉。

北方草原的青铜饰牌上，匈奴工匠錾刻出虎狼噬羊的激烈动态；云南晋宁石寨山 M12 出土的滇文化贮贝器，盖面铸造的杀人祭祀场景凝固了边疆古国的信仰。

明清时期，文人书房里的宣德炉重燃青铜余韵。这种以暹（xiān）罗"风磨铜"（铜 96%、锌 1.1%、锡 1.3%）铸造的香炉，表面洒金斑驳如星空，炉底"大明宣德年制"楷书款承载着慕古之情。

现代社会，铜火锅成为传统工艺的活化石。老字号沿用紫铜（纯铜）打造锅体，导热系数达 401W/（m·K），沸腾的清水40 秒便可烫熟羊肉。

漆器

漆器的制作技艺有着悠久的历史。漆树分泌的天然汁液，刚取出时是乳白色的黏稠液体，人们称为生漆。这种材料黏性很强，变干后能形成坚韧的保护层，既防腐蚀又耐约 200℃ 高温，虽然表面容易被划伤，但确实是很实用的涂料。工匠们会在漆里加入颜料，给器物涂上各种颜色和花纹。

制作漆器首先要有个基础胎体。古人用过很多材料做胎，比如木头、竹子、藤条，也会用麻布与漆灰交替裱糊十余层（通常 8～12 层）制成夹纻胎，甚至尝试过用皮革、金属、陶瓷当胎体。

在装饰手法上，既有简单的单色上漆（一色漆），也有复合技法，如覆盖透明漆层（罩漆）、金粉勾画（描金）、堆砌浮雕（堆漆）、刻纹填彩（填漆／雕填）、贝壳镶嵌（螺钿）、金银箔片平脱（平脱）、刻线填金（戗金）、打磨斑纹（犀皮）、多层漆雕刻（雕漆：剔红／剔犀）、宝石镶嵌（百宝嵌）等。

早在 7000 年前的新石器时代，先民就开始用漆涂刷木碗。河南偃师二里头遗址的祭祀坑中，曾发现表面残留 60% 朱漆的漆瓿和漆盒，印证了夏代漆器的祭祀功能。商代工匠在河北藁城制作的漆器上，已经能雕刻出饕餮纹样。到了周代，开始在漆器表面镶嵌贝壳，这种工艺后来被称为螺钿。

春秋战国时期，漆器变得越来越普及。工匠们用不同颜色的漆绘制图案，把动物形象雕刻得活灵活现，日常用的碗盘杯具也常见漆器。

秦汉时期漆器制作达到高峰，轻巧美观的漆制品在贵族生活用品中逐渐取代了青铜器。贵州汉墓出土的漆耳杯上刻着"素工""髹工"等七个工种名称，说明当时已经有了细致的生产分工。常见的多层漆盒设计精巧，金银镶嵌的装饰手法也开始流行。

随着时间推移，由于制作成本太高，加上瓷器逐渐普及，漆器在日常生活中的使用范围大幅缩减，但并未完全消失。

甘肃武威汉墓出土的彩绘漆樽、南京六朝墓中的漆凭几，表明漆器仍在特定场合使用。魏晋时期佛教盛行，工匠们用麻布和漆灰制作出轻便的佛像。唐代漆器重新变得华丽，贵族使用的器物上贴满金银薄片，镶嵌着贝壳拼成的图案。宋代人偏爱素雅的风格，注重器物造型的匀称美感，单色漆器尤其受欢迎。

元代嘉兴成为漆艺重镇，工匠们擅长在厚达 2～3 毫米的漆层上雕刻花纹，故宫收藏的张成造剔红栀子花盘便是典型。明代出现了总结漆艺的专著《髹饰录》，官方和民间都涌现出不少制漆名家，不同装饰技法常常组合使用。清代乾隆年间宫廷漆器工艺登峰造极，但到后期国势衰微，这门传统手艺也逐渐没落。

玉与琉璃

中国玉器文明承载着 8000 年的历史积淀，其内涵在矿物学与文化层面呈现出双重维度。

矿物学上，玉被严格区分为硬玉（翡翠，化学成分为硅酸钠铝，莫氏硬度 6.5～7.0）与软玉（透闪石—阳起石系列，莫氏硬度 6.0～6.5）。

但文化层面的"玉"概念更为包容，凡具温润质感的矿物皆可纳入，如蛇纹石质的岫岩玉、黝帘石质的独山玉，甚至细腻的大理石。古代文献中，"琼瑰"指玛瑙，"琅玕"为青金石，"水精"即水晶，这些矿物虽非严格意义上的玉，却因与玉相似的审美特质被纳入玉文化体系。

新石器时代已见玉器雏形。距今 8000 年的兴隆洼文化出土玉玦，红山文化创造的 C 形玉龙、勾云形佩等祭祀重器，多采用辽宁岫岩透闪石矿料。至良渚文化时期，反山遗址 12 号墓出土的"琮王"重达 6.5 千克，每毫米刻画 5～6 条细线，展现了砂绳切割与解玉砂研磨的精湛工艺。

商代玉器完成了从神权象征到礼制载体的转型，殷墟妇好墓出土的 755 件玉器中，和田玉占比超过 40%，同位素检测证实原料来自新疆和田黑山矿区，揭示公元前 13 世纪已存在横跨 3000 公里的玉石之路。

周代建立了严密的用玉制度，《周礼》规定"六器"祭祀天地四方，"六瑞"按爵位分配，形成"执圭如不胜"的礼仪规范。汉代许慎在《说文解字》中赋予玉"仁、义、智、勇、洁"五德，推动玉器功能转向装饰与陈设。

汉代特有的"汉八刀"技法以简练著称，徐州狮子山楚王墓出土的玉蝉，仅五刀即勾勒出蝉翼的轻薄与腹部的圆润，这种技法多用于葬玉，反映了"事死如事生"的生死观。

宋代以降，玉器进一步世俗化。文人雅士在玉饰上镌刻诗词，市井百姓佩戴玉符求吉。《明伦汇编》载"衣冠佩玉可以化强暴，深居简出可以却猛兽，虚心寡欲可以怀鬼神"，体现了玉器驱邪避凶的民俗功能。

明清时期装饰性雕刻达到新高度，乾隆年间制作的"大禹治水图玉山"，以和田青玉为原料，经 10 年雕琢，山巅云纹细若游丝，人物眉目清晰，展现了"乾隆工"的精湛技艺。

此时玉器成为集雕刻、书画、镶嵌于一体的综合艺术品，如故宫藏"桐荫仕女图玉雕"，以浮雕结合阴刻，浓缩文人画意境于方寸之间。

和田玉料沿丝绸之路传播，且末塔特里克遗址出土的商代玉斧与阿富汗蒂拉丘地战国谷纹璧印证了欧亚玉料交流。明清时期缅甸翡翠经云南输入，形成"赌石"文化。痕都斯坦玉器传入清宫，其透薄胎体被乾隆帝赞为"西昆玉工巧无比"，突破了传统

161

的"素面为贵"审美。

与玉器相似的，有琉璃器。

琉璃，古称"璆琳""流离""药玉"，是中国古代对低温铅钡玻璃的统称。其本质为二氧化硅熔融物，与现代钠钙玻璃的主要区别在于金属氧化物的配比——古代琉璃含铅量通常超过20%，并添加氧化钡作为助熔剂，这使得器物表面呈现独特的虹彩光泽，且因工艺限制多含气泡。

根据工艺技法可分为铸造琉璃、脱胎琉璃与雕刻琉璃：战国蜻蜓眼琉璃珠采用陶范浇铸，呈现同心圆纹饰；汉代铅钡玻璃璧以陶模为胎，浇铸后敲碎陶胎形成薄壁器；北魏玻璃瓶则先吹制成形，再施阴刻缠枝纹，线条细若游丝。

纹饰题材涵盖几何纹、动物纹、植物纹与人物纹：战国琉璃剑珥饰以菱形填纹，北魏墓葬出土的琉璃虎子浮雕翼兽造型，唐代琉璃盏内壁刻宝相花纹层叠达五重，法门寺地宫琉璃盘浮雕飞天手持琵琶。

值得注意的是，宋代以前中国琉璃多含钡，与西亚钠钙玻璃体系形成鲜明对比。元至明清，随着技术革新，开始出现高铅水晶玻璃与套色琉璃，如故宫藏清康熙套料浮雕玻璃鼻烟壶，集吹制、雕刻、套色工艺于一身，展现了古代玻璃艺术的巅峰成就。

器物琉璃与建筑琉璃瓦虽同属低温铅钡玻璃体系，却呈现出显著差异。器物琉璃以追求光学效果为核心，含铅量常超过25%，透光率可达70%～80%，多属陈设器与礼器，承载着"君子比德于玉"的文化观念。而琉璃瓦需增强耐候性，添加氧化钠与氧化钙，铅含量降至 15%～18%，采用模压成形结合二次烧成工艺。

相关文物

　　1977 年在浙江余姚河姆渡遗址出土的河姆渡朱漆碗，属于新石器时代的遗物，距今约 5700 年。它由整块木材手工挖凿而成，木碗内壁留有一道道细密的手工凿刻痕迹。表面残留着斑驳的朱红色痕迹，是将天然生漆与矿物颜料混合后涂刷的工艺，也是目前已知中国最早的髹漆技术实证。

　　在长江下游湿润的埋藏环境中，这件本该腐朽的木质器物奇迹般地保存至今，为后人揭开了远古先民的生活图景——他们不仅制作实用器具，更懂得用天然材料美化生活。

河姆渡朱漆碗

　　1991 年山东临淄出土了战国铜餐具。由耳杯、小碟、盘、盒、碗等 60 件组成，均可以装进铜壶中，便于携带。

战国铜餐具

　　1956 年在苏州虎丘云岩寺塔第三层发现了五代秘色瓷莲花碗。秘色瓷为晚唐五代越窑专供皇室烧制的青瓷，因釉料配方与烧制工艺秘而不宣得名，但实物为何始终未有定论。直到 1987 年法门寺地宫出土 14 件青瓷，与《物账碑》核对为秘色瓷，才解开这一千年谜题。

五代秘色瓷莲花碗

十三、没电无 Wi-Fi：古人起居日常

"凿壁偷光""囊萤映雪"是古代勤学典范的名场面，但从科学性方面研究，只是文学加工、千年鸡汤。

《西京杂记》虽载匡衡凿壁借光，但正史《汉书·匡衡传》仅记其"父世农夫，至衡好学"。考古显示汉代民居多为独立夯土院落，两家共墙极罕见。模拟实验表明，油灯光透过 5 厘米孔洞后照度仅约 0.1 勒克斯，不足现代阅读标准的 1/3000，难以辨识竹简。据《二年律令·盗律》，破坏房屋可处刺面劳役，而匡衡晚年因贪污被贬，与故事形象矛盾。

燃料与照明

人类对火的使用和掌控，是文明发展的重要一步。

大约 170 万年前，中国境内的元谋人可能开始接触天然火。但考古学上明确用火的证据，属于约 70 万至 20 万年前的北京猿人。他们在洞穴中堆积火塘灰烬，形成了早期人类聚居地的"厨房"遗迹。

食用熟食改善了营养吸收，促进了人类大脑的进化；夜间燃烧的火堆不仅提供温暖，还帮助驱赶野兽——火塘逐渐成为原始部落生活的核心区域。

在取火技术方面，远古人类经历了漫长探索。最初依靠雷击等自然方式获得火种，新石器时代出现了钻木取火：用坚硬木棍快速摩擦干燥木材（如榆木、松木），当温度达到 300℃左右时引燃干燥草绒。

战国时期《周礼》记载用青铜凹面镜（阳燧）聚光取火；汉代铁制火镰敲击燧石成为主流工具，火星温度超过 800℃，能够快速引燃火绒。唐代出现"火寸"（火折子雏形），宋代发展为竹筒封存的便携火折，与火镰形成功能互补。

燃料的改进推动了社会发展。

新石器时代主要燃烧松木、桦木，600～800℃的火焰能够烧制陶器。商周时期发明的封闭窑烧炭技术，在鼓风助燃下温度可达 1000℃以上（殷墟遗址检测数据），满足了青铜器的铸造需求。

汉代开始开采煤炭用于冶铁（郑州古荥镇冶铁遗址发现煤渣），北宋炉温可达1300℃，都城汴梁居民普遍使用煤炭取暖，也促进了铁器的大规模生产。明代景德镇窑工用煤炭烧制出1280℃左右的釉里红瓷器。这些技术突破都建立在燃料革新的基础之上。

沈括在《梦溪笔谈》中首次提出"石油"一词，并发明了石油制墨，为石油的应用开辟了新途径。南宋文献记载的"猛火油"（石油）多用于军事火攻。

火药的出现改变了人类用火方式。北宋《武经总要》（1044）记载了硝石、硫黄、木炭（75∶10∶15）的世界最早军用火药配方。1126年开封守军使用霹雳炮抗击金兵，1332年铸造的铜火铳，射程达200米，热兵器时代由此开启。

明代《天工开物》记录火药开矿技术，清代治河工程用火药爆破清除礁石。汴京元宵节的烟花表演与矿山爆破的轰鸣，共同诉说着火药的双重作用。

古代照明存在显著的阶级差异。

普通百姓使用动物油脂灯盏，汉代青铜油灯的亮度约3流明，仅相当于现代3瓦LED灯亮度的1/60。唐代贵族使用蜂蜡等珍贵材料制成的蜡烛，造价昂贵堪比白银。宋代四川邛窑工匠用乌桕树果提炼油脂，发明带水冷夹层的省油灯，将照明时间延长了30%。明清皇宫需要同时点燃上千盏羊油灯，其总亮度才抵得上一盏100瓦电灯。在没有玻璃的时代，贵族用轻薄丝帛糊窗，透光率约30%；平民使用的麻纸窗户透光率不足15%，陆游诗中"一窗昏晓"正是这种生活写照。

取暖、避暑、保鲜

古代社会的取暖、避暑与保鲜技术，深刻地反映了阶级差异与生存智慧。对应着现代社会的空调、冰箱。

贵族阶层通过建筑、服饰与燃料的极致配置抵御寒冷。

明清紫禁城养心殿的"地火龙"系统，地下火道连接铜制暖炉，燃烧特供红罗炭——这种木炭由硬木烧制，长 33 厘米、直径 16 厘米，乾隆朝年消耗 30 万公斤，燃烧时无烟无味，室温可维持在 18℃以上。

貂裘、狐裘等服饰更是身份的象征。《大清会典》规定端罩等级，皇帝用黑貂、紫貂，皇子用紫貂，亲王至贝子用青狐，江宁织造每年进贡貂皮逾万张。

唐代贵族使用镏金银熏炉，内置炭火并添加香料，兼具取暖与熏香功能。宋徽宗《文会图》中的铜制温酒炉，到明清演变为掐丝珐琅手炉，可藏于袖中随身取暖。

平民御寒，则是依赖因地制宜的简朴方式。

北方广泛使用火炕，陕西米脂姜氏庄园的陶制烟道将灶台余热导入炕内，热效率仅 25% 左右，却能让室温提升了 5~8℃。燃料多为廉价材料。北京平民将煤末混黄土制成"煤茧"，耐烧时间比柴火长 3 倍。西北牧民用干牛粪生火，燃烧温度仅 300~400℃。

衣物材质更显艰苦。平民常规衣物为麻葛织物，御寒就要穿着多层。古人道家修行者、隐士及贫苦人也有"纸袄"。唐代以麻纸为衣，宋代改进为楮纸。元代后因棉花普及而被取代。《旧唐书》记录回纥战乱之中，"以纸为衣，或有衣经者"。

另有以荻花、芦花为填充物的，保温效果很差。

《红楼梦》第六回刘姥姥进荣国府，见凤姐屋内地炕"暖如阳春"，而自家草房"朔风透壁，儿孙簇拥稻草御寒"。技术的鸿沟从未弥合阶级的裂隙。

贵族阶层避暑，凭借丰厚的资源与精巧的技术，构建出奢华的清凉世界。

陕西凤翔的春秋秦都雍城遗址中，深19米的凌阴冰窖可储冰190立方米，印证了《周礼》中"凌人掌冰"的记载。清代北海雪池冰窖（顺治年间建造）以花岗岩砌筑，储冰数万块供宫廷制作冰镇奶酪、荔枝等消暑品。战国曾侯乙墓出土的双层青铜冰鉴，外层置冰、内层存酒，印证了《楚辞》中"挫糟冻饮"的冰酒习俗。

唐代长安含凉殿以水力驱动风扇，冷水循环泼洒竹帘；而清代圆明园"水木明瑟"殿引进西洋水法，乾隆曾作诗赞叹"泠泠水木，非丝非竹"的机械凉意。

贵族居所亦讲究避暑设计——《红楼梦》里，潇湘馆"凤尾森森"的竹林为黛玉隔绝暑气，贾母在藕香榭设宴时特意将凉榻置于水边，隔着纱帐听戏，称"水边风露最是清爽"。

贵族避暑饮食也极尽巧思：唐代杨贵妃口含冰雕玉鱼清肺热；宝玉挨打后想喝酸梅汤，却被袭人劝止，换作玫瑰卤子兑井水，既风雅又兼顾养生。

相比之下，平民的避暑方式是在有限物质条件下的智慧。

北方百姓利用窑洞与半地穴建筑的地气维持恒温，河南二里头遗址的夏代房基显示先民早谙此道；南方则用"竹夫人"

（中空竹笼）纳凉，又称竹奴、青奴，或将瓜果悬于井中降温、保鲜。

市井中，蒲扇与凉茶是最普遍的消暑物。宋代汴京茶坊卖"冰雪甘草汤"，清代北京什刹海"荷花市场"的摊贩敲冰盏叫卖酸梅汤，碎冰上浮刻梅兰图案吸引顾客。这些烟火气的清凉，与《红楼梦》中小厮们躲在槐荫下赌钱偷摘葡萄、芳官因穿拼色夹袄被斥"轻狂"的场景遥相呼应，勾勒出底层百姓在酷暑日苦中作乐的生存韧性。

古代贵族与平民的保鲜技术存在显著差异。

贵族依托资源垄断发展出复杂手段。宋代《山家清供》记载蜜渍樱桃"经岁不腐"，蔡襄《荔枝谱》详述盐梅法腌渍工艺，将果肉与盐、佛桑花浆混合封存。这些耗费人力的技术，在《红楼梦》中化为具象——乌进孝年贡单上的"鲟鳇鱼二百个"，需用冰匣护运；妙玉5年前所藏梅花雪水，暗合明代《遵生八笺》"蜡封瓷瓮"的藏雪古法，而宝玉饮的玫瑰卤子以井水冰镇，井台青石上还凝着薄霜。

三峡渔民将鲜鱼抹盐悬于船桅，江风将其吹作"咸干"。江南农家用松针铺衬窖藏柑橘，河北深窖贮存的马铃薯在10℃恒温中熬过寒冬。《梦粱录》中载"都人最重三伏……，雪槛冰盘，浮瓜沉李"，即用冰水浸泡瓜果。而福建渔民把鲜鱼装篮沉入海底，借低温海水延缓腐败。

这些朴素的智慧，在《红楼梦》里化作刘姥姥送来的"风干栗子"与"野菜干"，恰与贾府冰窖里镇着的西瓜、地窖中藏着的雪水形成鲜明对比。当第六回周瑞家的瞥见王夫人屋角"未腌的秋茄"时，那些来不及处理的鲜蔬，正是贵族鲜食过剩的缩影；而刘姥姥家"晒干的马齿苋"，则是贫民对抗饥馑的生存密码。

水井与如厕

古代社会的饮水方式，清晰地划分出阶层的鸿沟。

贵族凭借资源与知识，将饮水升华为风雅之事。唐代陆羽在《茶经》中推崇"山水上，江水中，井水下"。明代《煎茶水记》则引申其意，将天下名泉分为二十等，无锡惠山泉、杭州虎跑泉皆列前茅。清代乾隆帝虽未正式下旨，却在《玉泉山天下第一泉记》中赋诗盛赞玉泉水"水之德在于养人，其味贵甘，其质贵轻……质轻者，味必甘"，自此宫廷每日从玉泉山运水入紫禁城，途设专用水车与护卫，以防百姓"盗饮御泉"。

宋代药铺兼售明矾用于净水。古人也很重视水净化。除基本的沉淀方式外也有其他净化手段。在陆羽《茶经》中有"漉水囊"，原是佛教僧人过滤水中虫子的器具。唐代以附糊棉布作为过滤层。明末方以智《物理小识》中载"寻常定水白矾、赤豆、杏仁、雄黄、石膏皆可"。

平民的饮水则充满艰辛与风险。

宋代汴河因黄河泥沙淤积，"水浊"（《宋史·河渠志》），沿岸百姓长期饮用后多患腹疾，官府虽设"滤水铺"以细沙、棕皮过滤，但贫民往往无力支付费用。

清代北京城内仅玉泉、龙泉等少数水井甘洌。明代万历时宦官刘若愚《酌中志》说"京师井水多苦，茗具三日不拭则满积水碱"。

清嘉庆《燕京杂记》，"苦者不可食，甜者……卖者又昂其价"。

关于煮热水的习惯，中医虽早知沸水可防病，但受到燃料制约，古代平民仅煮饭时顺带烧水。直至 20 世纪中叶，中国农村仍有七成人口直接饮用生水。

自来水的出现改写了饮水史。

1883 年，英商在上海杨树浦建成中国首个自来水厂，《申报》载"华人聚观洋人拧龙头取水，如睹神迹"。1908 年成立的京师自来水公司，首批安装 420 个公共水站，但井水浑浊、水管生锈等问题频发。老舍在《正红旗下》借角色之口叹道："自来水？那是洋玩意儿，不如我的大铜壶煮井水踏实！"

直至 20 世纪 50 年代，全国仅 50 余城有供水设施，乡村仍靠井绳与木桶取水。而到 2000 年，城市普及率达 96%，但西北旱塬的妇人依旧要走十里山路背水。

古代社会的厕所里，藏着一段未被书写的文明史。

贵族的厕所从来不只是排泄场所。

西晋石崇的宅院里，厕所挂着绛色纱帐，十余名侍女捧着沉香汁、甲煎粉侍立，客人误入以为是寝殿。正如刘姥姥初进大观园时，被丫鬟引至"东边屋里"如厕，掀开帘子却见四面玲珑剔透的玻璃屏风，误以为闯进小姐闺房。

唐代同昌公主更将如厕变成香道仪式，厕室焚烧百种香料，以致排泄物都透着龙脑香气。到了清代，紫禁城宁寿宫的净房里，木胎漆器恭桶内铺着沉香木屑，太监们用黄缎包裹银盆接送，慈禧如厕时要焚起三支百合香，仿佛在进行某种庄严的仪式。

平民的生存智慧则在秽物中执着。

汉代农家的厕所架在猪圈上方，木板缝隙间漏下的粪尿成为猪食，《汉书》记载燕王宫中"厕中豕群出"的滑稽场景。福建永定客家土楼遗址里，考古学家从元代厕所废墟中挖出15厘米长的竹片，边缘磨损的痕迹记录着某个农夫如厕后反复刮拭的动作。西北牧民在戈壁滩如厕，可随手捡起被风沙打磨光滑的鹅卵石；岭南人摘下芭蕉叶，用后抛入猪圈，完成一场循环。

拭秽之物更是阶层的标签。敦煌藏经洞的唐代文书记载"厕筹三洗可复用"，贵族将竹木薄片洗净后浸入香汤。当和珅用蜀锦裁成厕纸、暗纹防伪时，汴京挑粪工正背着柳条筐穿过街巷，筐底渗出的粪水在青石板上画出歪斜的痕迹，暑天里招来成团的绿头苍蝇。

关于出土文物中的各样虎子，是不是便器，始终未有定论。江苏镇江大港东周墓中出土的青铜虎子，静默地躺在展柜里，高约20厘米的虎形器物内壁附着淡黄色结晶——现代科技检测出尿酸成分，暗示它或许是贵族溺器。但江西海昏侯墓中，同样的虎子与唾壶并列，又让人疑心这些器物是否承载着某种礼仪功能。

洗浴刷牙照镜子

古代社会的清洁习惯，折射出阶层的深壑与文明的褶皱。

贵族将清洁升华为礼制与奢华的仪式。

西周《礼记》规定接待客人时，要让客人"五日沐发，三日沐浴"。汉代未央宫出土的青铜浴盆虽无香料残留，但《拾遗记》

173

中载:"灵帝宫人以茴挲香煮汤沐发"。

唐代贵族以澡豆(猪胰脏混合豆粉)洁面,《千金翼方》称其令人"一百日其面如玉,光净润泽",而辽代墓葬出土的骨柄植毛牙刷,证实当时洁牙工具已趋精细。

清代定陵出土的龙纹金盒内有褐色残块,经检测为油脂与碱的混合物,印证了早期肥皂的存在。

平民的清洁则与自然博弈。

北方农家曾以草木灰滤水洗发。东晋葛洪《肘后备急方》中,提及"以灰汁洗净须发",可除头虱。宋代汴京的"香水行"公共浴堂收费三文(《东京梦华录》),而西北戍卒"三年未濯身"(《陇西行》)的记载,揭示了地域与阶级的双重困境。

洁牙方式更显艰辛。

敦煌壁画中的百姓以布裹手指蘸灰擦牙。契丹墓葬出土的骨牙刷则显示辽代已有植毛工具,但平民多效仿僧人"嚼杨柳枝净口"(《南海寄归传》)。《马可·波罗行纪》称杭州船夫"晨嚼绿柳枝,满口血沫犹笑"。

洗涤剂的演化同样分野鲜明。

平民用草木灰和皂角煮水浣衣。《礼记·内则》说"冠带垢,和灰清漱;衣裳垢,和灰清浣",对高档织物,《齐民要术》记录:"捣小豆为末投汤中以洗之,洁白而柔韧,胜皂荚矣"。

鸦片战争后,西方工业化生产的肥皂通过通商口岸传入中国,民间统称"洋胰子"或"番碱"。其采用油脂与火碱的皂化技术，去污力远超传统胰子。据《中国旧海关史料》记载，1867年上海海关进口肥皂价值 1.2 万两白银，主要为无品牌的工业皂。中国近代肥皂工业始于民族资本：1903 年上海裕茂皂厂生产"双喜牌"肥皂，而官办化工企业则于 1915 年由范旭东创立久大精盐公司后逐步发展。

古代镜子不仅是日常用品，更是文化与工艺的载体。

最早的青铜镜可追溯至齐家文化时期，距今约 4000 年。春秋战国时期，铜镜迎来了第一次工艺革新。镜面铸造技术提升，纹饰更加多样，山字纹、蟠螭纹等精美图案成为主流。汉代铜镜则达到了工艺巅峰，不仅形制厚重，纹饰也更具文化内涵。铭文镜盛行，如"昭明镜""日光镜"，铭文多为吉祥语或祈福之词，反映了当时人们对美好生活的向往。

唐宋时期，铜镜工艺在继承传统的基础上有所创新。唐代铜镜打破了以往圆形、方形的限制，出现了菱花形、葵花形等花式镜。纹饰也更加丰富，月宫镜、瑞兽镜等反映了当时社会的开放与繁荣。宋代铜镜则更加注重实用性与装饰性的结合，出现了带柄镜、长方形镜等新形制，纹饰以花草鸟兽、山水人物为主，生活气息浓厚。

铜镜的镜面研磨技术也颇为复杂。铜镜铸造成形后，需经过"开光"或"抛光"处理，使用特制的"磨镜药"反复研磨，直至镜面光滑如镜。这一步骤不仅考验工匠的技艺，更需要耐心与细致。随着时间的推移，铜镜表面会变模糊，古人便请走街串巷的磨镜匠人重新打磨，使其恢复光彩。

枕头与坐卧

从出土的古代枕头来看，首先要分清哪些是陪葬品，哪些是日常用品。考古学家可通过观察磨损痕迹、刻字内容和摆放位置来区分。

河北定窑遗址出土的瓷枕中，约六成表面光洁无痕，底部刻着"长命""福德"等吉祥话，显然是专门为丧葬烧制的明器；而河北巨鹿宋墓出土的白瓷孩儿枕，枕面有长期使用形成的釉面磨痕，底部墨书"元祐元年置此，张家造"（元祐为宋哲宗年号），明显是墓主人生前使用后带入墓室的旧物。这种区别暗含着古人的生死观——日常用枕浸染着生活的温度，陪葬枕则用永恒的瓷胎凝固对来世的期许。

普通百姓的枕头处处体现着因地制宜的生存智慧。湖北云梦睡虎地秦墓出土的竹枕，与记录法律文书的竹简同置于棺椁边箱，推测是基层官吏值夜时小憩所用，竹片间的缝隙还透着两千年前的夜风。西北先民曾有将晒干的羊毛塞进皮囊，做简易马鞍。游牧迁徙时直接以此为枕或倚靠。敦煌文书《辛未年寺院常住什物交割点检历》记载"麻布枕三口，内填柳絮"，印证了百姓利用天然材料制作寝具的传统。

现代人觉得瓷枕头太硬，实为古今生活方式差异所致。宋代文人夏日午休时，常将瓷枕置于竹席之上，汴京相国寺庙会的货郎担里就有专门售卖的"纳凉瓷枕"。《槐荫消夏图》中描绘的文人侧卧场景，正展现了古人使用硬枕的诀窍——低矮的榻上屈膝侧卧，头部仅轻触枕端，书本随手卡在枕边的弧形凹陷处。这种12～15厘米的枕高与古人的睡姿完美契合，中空的瓷胎既能通风散热，又不会让高髻散乱，可谓兼顾实用与体面。

中国古代家具的演变记录着人们生活方式的深刻变革。

商周时期，贵族们跪坐在层层铺设的筵席之上，《周礼》中记载的"五席制度"用莞草、蒲苇等材质划分等级。而《韩非子》批评"箕踞而坐"的记载，印证了当时对坐姿的严格规范。

这种正襟"跪坐"的姿态延续千年，直到东汉时期胡床传入才泛起涟漪——折叠式的胡床虽被《后汉书》记载为汉灵帝的心头好，但敦煌285窟北朝壁画显示，僧人盘坐的是一种藤编的"筌蹄"，暗示垂足坐具的传播过程复杂多元。

南北朝时期，佛寺中已出现绳床（原始椅子），《高僧传》记载高僧鸠摩罗什"坐绳床说法"，唐代逐渐普及，宋代《清明上河图》里茶肆满座的条凳宣告垂足坐成为主流。

"床"与"榻"在古代功能分明。湖南长沙马王堆汉墓出土的漆木榻长1.82米，可容主客对坐弈棋，但三面围屏的设计表明它主要用于临时休憩。

真正的寝具"床"则高大宽敞，明代发展出三种形制：

罗汉床三面围屏，宋代《听琴图》中已见雏形；

苏州王锡爵墓出土的黄花梨架子床，四柱雕缠枝莲纹，顶架可挂纱帐防蚊虫；

最奢华的拔步床外设廊庑，如微缩房间——晚明权臣严嵩被抄家时，清单列有"拔步床四十余张"（《天水冰山录》），每张需数十工匠耗时数月打造。

这些差异背后暗藏社会密码——胡床的传入打破了中原千年礼制，南宋陆游《老学庵笔记》记载士大夫家妇女坐椅子仍被讥笑"无法度"。从宋代榫卯到明代螺钿，工匠技艺的进步在架子床的莲纹与拔步床的描金中熠熠生辉；而古典文学作品中一张床抵 5 个丫鬟身价的现实，将明代贫富差距凝固成冰冷的数字。

博物馆里那些雕花床榻，既是古人智慧的见证，也映射着旧时代的阶层鸿沟——那张需农人劳作数年方能换取的拔步床，终究未能让所有人安眠。从席地跪坐到垂足高坐，从简朴绳床到奢华拔步，木纹间的每一道刻痕，都在无声诉说着一个民族对舒适与尊严的千年求索。

相关文物

西汉长信宫灯是古代文物中的第一灯，1968 年出土于河北满城西汉中山靖王王后窦绾墓，是汉代青铜铸造技术的巅峰之作。通高 48 厘米，重约 15.6 千克，其材质为铜、锡、铅的青铜基体，表面鎏金。由 6 部分可拆卸构件组成：宫女头部、身躯、右臂、灯座、灯盘、灯罩，构件间采用榫卯嵌套设计，便于清洗和维护。

灯具燃烧产生的烟雾通过右臂烟道时，因热对流效应向下流动，最终被贮水盘吸收，以达到净化烟尘的目的。灯罩通过双耳榫卯手动旋转，可调节光照角度至 120°。

西汉长信宫灯

　　1980年于山东淄博辛店街道南古墓5号陪葬坑中出土了西汉青铜方镜。该镜呈长方形，长115.1厘米，宽57.5厘米，重达56.5千克。背面有5个环形弦纹钮，并饰有夔龙纠结图案，是目前考古发现的最大铜镜。

西汉青铜方镜

北宋定窑白瓷婴儿枕是定窑巅峰期作品，兼具盛夏纳凉实用功能与"宜男枕"的生育祈愿意象。

北宋定窑白瓷婴儿枕

十四、舌尖上的丝路：外来食材与茶酒

历史剧中，常见"吃错东西"，让后世朝代才有的食材，穿越了几百年，甚至上千年。

比如影视剧里商周、三国时期的人物吃玉米，但实际上玉米直到明代才从美洲传入中国；汉末的宴席上出现炒菜，而中国普及炒菜技术至少要到宋代铁锅广泛使用之后；北宋的好汉们啃红薯充饥，可红薯是明代万历年间才由菲律宾传入的。

最典型的错误是辣椒——这种原产美洲的作物，16世纪才进入中国，却在许多唐宋背景的剧中频繁露脸，比如唐代剧里角色嚼着辣椒烤肉，宋代戏中百姓用辣椒酱拌面，完全违背了历史真实。

还有，战国时期的楚国贵族喝葡萄酒，而中国本土葡萄种植和酿酒技术，实际是在西汉张骞出使西域后才逐渐发展起来的。

石碾铁犁

农业是人类文明诞生的基石，农业发展始终与工具的革新紧密交织。这一点在很多谈及古代食物的科普中被忽略。先要吃饱饭，才能考虑如何吃好饭。

在距今约 9000 至 7000 年的裴李岗文化遗址中，发现了黄砂岩材质的成套石磨盘、石磨棒，印证了人类对谷物加工的最初探索。这些工具与河姆渡遗址出土的骨耜共同构成了早期农业文明的物质见证，前者用于粮食脱壳，后者作为翻土工具，在长江流域湿地耕作中发挥了关键作用。

此时的农具体系以石、骨、蚌、木为主要材料，功能分工明确：砍伐用石斧、翻土用骨耜、收割用石镰，制作工艺从打击石器逐步发展为磨制石器，但整体仍处于粗放阶段。

距今 5300 至 4300 年的良渚文化遗址中，分体石犁的出土标志着耕作技术的重大突破。这种三角形带孔石器通过榫卯结构装配木制犁床，使耕作方式从点状挖掘转变为线状翻耕。

江苏海安青墩遗址出土的穿孔带柄陶斧，和与之配套的石刀、石锄等中耕工具形成完整的工具链。《淮南子·主术训》记载"夫民之为生也，一人蹠耒而耕，不过十亩"，显示其效率低下，但这些工具奠定了定居农业的基础，推动社会形态从采集狩猎向农耕文明转型。

商周时期青铜农具的零星出现具有特殊意义，江西新干大洋洲商墓出土的三角形青铜犁铧，其制式虽与后世铁犁相似，但更可能为礼器。考古数据显示，商周时期实际耕作仍以石器为主。

真正的技术变革始于春秋战国时期铁器的普及，河北易县燕下都遗址出土的 V 形铁犁头经土壤力学测试显示，其配合木柄形成的"木心铁刃"结构可使入土深度达到 18～22 厘米，较石质工具提升了 3 倍以上。

牛耕技术的成熟也推动了生产力飞跃。湖北江陵凤凰山汉墓出土的牛耕画像砖生动再现了"二牛抬杠"的耕作场景。

农具创新在此时期呈现出多维突破：冶铁技术从块炼铁发展到生铁冶炼；动力系统实现了畜力对人力的大规模替代；结构设计方面，山东枣庄出土东汉画像石显示的长辕犁已配备犁壁，这种曲面结构使土壤翻覆与碎土功能结合，为代田法等精耕模式奠定了基础。

陕西陇县出土的巨型铁犁铧长达 40 厘米、重 15 千克，需双牛牵引，适合关中平原的大田作业。

播种技术的革命性进步体现于西汉晚期《氾胜之书》记载的"三脚耧"。山西平陆汉墓壁画中的耧车播种图，显示其可一次性完成开沟、播种、覆土工序。

唐代农具体系达到传统时代的成熟形态，陆龟蒙《耒耜经》详细记载的曲辕犁包含犁评、犁箭等 11 个部件，敦煌莫高窟 445 窟壁画图像与文献记载的"辕曲九尺"（约合 265.5 厘米）特征完全吻合。这种设计通过调节部件实现深耕浅作转换，配合耙、碌碡构成的"耕—耙—耱"体系，有效地改善了土壤结构并能保持水分。

而王祯《农书》记载的"水轮三事"，则展示了水力在磨、砻、碾三联作业中的综合运用。

宋代农具创新在两个方面：绳套与挂钩技术的完善使牛耕能适应复杂地形；水力机械发展至新高度。这种将农业加工与机械制造结合的技术成就，被李约瑟视为古代中国机械智慧的典范。

元代风车技术的引入开启了对风力的系统化利用，河北磁县元代沉船出土的陶制风车模型叶片倾角与现代流体力学最优参数近似，显示出惊人的设计合理性。

工具革新与人口增长呈现显著息息相关，战国铁器普及期中原人口突破 2000 万，汉代犁耕体系成熟时登记人口达 6000 万，唐代曲辕犁推广后太湖流域耕地面积增长 3 倍。这些数据背后是农具材料、结构、动力系统的持续进化。

铁锅炒菜

成熟的炒菜技术在中国饮食史上还不到千年。宋元时期，以铁器铸造、热能调控与油脂提纯的三大突破为基础，才有了真正意义上的炒菜，中国饮食完成了从"水火为之"到"镬气纵横"的范式转型。

在炒菜技术成熟之前，商周至隋唐时期的烹饪体系以蒸、煮、炙、腌 4 种基础方式为主导。

蒸法通过水汽循环软化食物纤维，尤其适合谷物与根茎类作物，既能保留食材本味，又可维持营养成分。煮法则依托陶器革新实现液态介质的传热均衡，成为处理肉类与混合食材的主要手段。

炙烤技术利用明火直接加热，通过高温焦化提升蛋白质风味，但受限于燃料消耗与火候控制，多用于特定场合的肉食加工。腌制工艺通过盐析脱水与微生物发酵双重作用，在缺乏保鲜技术的时代构建起食物存储体系，同时催生出酱、豉等早期调味品。

这4类烹饪方式虽构建了饮食文化的基本框架，却无法实现快速均匀加热与风味层次叠加，导致食材处理方式单一、热效率低下，饮食结构长期停留在"水火相济"的初级形态。

炒法雏形的出现可追溯至战国时期，马王堆汉墓遣策中"熬豚""熬兔"的记载结合陶灶结构分析，证实当时已使用少量动物油进行煎制。唐代的铸铁工艺有显著进步。虽然已存在炒法概念，但仍以干炒为主。

油脂突破

古代饮食中的油脂摄入历经从动物脂肪主导到植物油脂兴起的演变过程。早期先民主要依赖狩猎获取的动物脂肪，《周礼》记载的"膏臊"（犬膏）、"膏腥"（豕膏）显示周代已形成针对不同动物脂肪的食用分级体系，其中熔点32℃的猪油因适口性最佳成为主要烹饪原料。

至唐宋时期，楔形压榨器的力学优化，使菜籽油出油率提升了两成。《东京梦华录》记载汴京油坊日售"青油""麻油"可达300石，标志着植物油脂的平民化普及。

铁锅突破

早期青铜炊具受限于低熔点和热传导率，难以适应高温快炒需求，直至战国时期生铁冶铸技术突破，铸铁炊具才始现雏形。

汉代叠铸工艺使锅体厚度降至 5～8 毫米，但白口铸铁的脆性导致成品率不足三成。关键的技术转折发生在北宋，泥范铸造配合脱碳退火工艺生产出灰口铸铁锅，锅体厚度突破性减至 2.1～3.0 毫米，可以快速升温。

从战国油煎、唐代干炒，到北宋油炒、南宋熘炒，技术扩散脉络最终在 13 世纪形成包含火力调控、器具专用化、技法多元化的完整体系，重构了味觉层次与营养结构，也使高温快炒成为中华饮食文化区别于其他烹饪体系的核心特征。

玉米红薯

中国食物体系的构建，是本土作物与域外物种历经数千年交融的结果。所以说文化自信不是"你的""我的"，而是如何交流与吸收后的百姓生活的保障和提升。

中国原生作物体系以"五谷"为根基，河姆渡遗址的碳化稻谷与磁山遗址的粟作遗存，共同实证了南北并行的农耕起源。商周时期确立的"六畜"体系虽涵盖马牛羊鸡犬豕，但《礼记·王制》"诸侯无故不杀牛"的记载，揭示牛作为战略资源受礼法严格保护，这种约束直至铁犁普及后的宋代才逐步松动。

域外作物的引进形成 3 次浪潮：

张骞凿空西域带回苜蓿、葡萄等 30 余种物种，但受限于种植技术，真正融入农耕体系的仅有苜蓿等饲料作物；

占城稻在宋真宗时期的推广，使水稻亩产突破 200 斤，推动经济重心南移；

大航海时代的美洲作物引发质变，玉米与番薯在清代创造了"一季收成抵五谷"的奇迹。据《中国人口史》测算，这类高产作物至少推动 18 世纪中国增长了 1.2 亿人口。耐人寻味的是，马铃薯虽同期传入，却因块茎祭祀禁忌迟至民国才广泛食用。

中国蔬菜谱系，也经历了 3 次味觉重构。

上古"葵藿"时代，元代王祯《农书》载："葵为百菜之主，备四时之馔。"《齐民要术》记载的冬葵需"收待霜降，伤早黄烂，伤晚黑涩"，其霸主地位被唐宋改良的白菜取代，白菜古称"菘"。《本草纲目》中说："凌冬晚凋，四季常见，有松之操，故曰'菘'。"

西域传入的胡瓜、胡荽经南北朝培育，成为华北菜圃的常客；宋元海路引入的莴苣、菠菜，则改写了"春初早韭，秋末晚菘"的时令传统。

最具革命性的辣椒在明末"登陆"后，沿长江形成"嗜辣带"，其传播速度远超其他作物——从 1591 年《遵生八笺》首载观赏植物，到 1799 年四川县志出现"种椒十亩"记载，仅用 200 年便完成了身份转换。

肉食结构的突破来自技术革新而非物种引进。

唐代传入的阿拉伯阉鸡术使鸡肉产量提升了 3 倍，韩愈家书中的"日供鸡卵两枚"显示了家禽养殖的平民化。汉代引入的驴在元代《饮膳正要》中完成从役畜到滋补品的转变。但真正推动蛋白质消费民主化的是明末猪种改良——华北民谚"穷养豕，富养羊"的逆转，见证了猪肉在清代成为主要肉源。值得玩味的是，宋代宫廷羊肉消费量是猪肉的百倍（《宋会要》），这种差异直至满族饮食传统与汉地养猪技术结合才得以彻底改变。

水果的时空限制被技术突破逐步瓦解。汉武帝上林苑移植荔枝"十存一二"的失败，反衬出唐代葡萄扦插术的精进——吐鲁番文书显示，9世纪西州农户葡萄架面积已达耕地的三成。元代畏兀儿农官推广的"插接法"，使江南出现"北梨南栽三年果"的突破。大航海带来的热带水果没有改变种植格局。但现代苹果的引种最具象征意义——1871年烟台引进的西洋苹果，彻底终结了本土绵苹果2000年的统治地位。

香料体系经历了从礼器到调料的蜕变。

汉代"椒房"用花椒彰显身份，至唐代"斗香"仍属贵族特权。辣椒的平民属性打破了传统香料体系，其单位调味成本仅为胡椒的1/100，这种经济性推动川湘农户发展出"以辣代盐"的生存智慧。耐人寻味的是，花椒在辣椒的冲击下并未消亡，反而在蜀地形成"麻辣双绝"的独特味型。这种传统与现代的共生，恰是中国饮食包容性的绝佳案例。

酿酒

中国酿酒起源可追溯至新石器时代晚期。

贾湖遗址（约前7000）的陶器残留物，经化学检测显示含酒精成分，原料为稻米、蜂蜜与水果，证实先民已掌握自然发酵原理。这一发现被学界视为中国最早的酿酒实证，但具体工艺是否为主动"混合发酵"仍存疑。

商周时期，酿酒技术趋于系统化。商代甲骨文中的"酉"（酒）字与大量青铜酒器（如爵、觚）表明，酒在祭祀与贵族生活中占据核心地位。据《尚书·说命》记载，商代可能已使用"曲蘗"

发酵黍、粟，但"曲蘖"作为专业术语的成熟应用或晚至周代。《周礼·天官·酒正》明确记载周王室设"酒正""酒人"等官职，负责监管酿酒礼仪，反映了酒与礼制的深度绑定。

秦汉时期，制曲技术取得关键性突破。湖北云梦睡虎地秦简与马王堆汉墓遣策均提及"饼曲"，其块状形态利于霉菌富集，提升糖化效率。司马迁《史记·货殖列传》载"通邑大都，酤一岁千酿"，侧面印证了汉代酒业商业化程度。需注意的是，蒸馏技术尚未出现于此时期，《齐民要术》（北魏贾思勰著）详述的40余种酿酒法均为发酵酒工艺，与蒸馏无关。

唐宋时期，红曲霉的规模化应用推动了黄酒品质的革新。宋代《北山酒经》（朱肱著）首提"传醅"工艺，标志着制曲技术科学化。

唐代虽通过丝绸之路引入葡萄种植，但葡萄酒酿造技术普及有限，诗句"葡萄美酒夜光杯"（王翰《凉州词》）更多体现了西域贡酒的稀缺性。

传统观点认为，蒸馏酒（烧酒）技术于元代（13世纪）经中亚传入中国，李时珍《本草纲目》称其"自元时始创其法"。但江西南昌李渡元代烧酒作坊遗址出土的蒸馏器具（2002），以及河北青龙县出土的金代铜质蒸馏器（1975），引发了学界对"本土起源说"的讨论。目前主流观点仍倾向技术外来说，但中国可能早于元代已存在小规模蒸馏实践。

明清时期，地方名酒依托水质、窖池与工艺差异化形成品牌。

我们不妨从历史典故和文学作品中，分析一下某故事所在时代的酒，应该是什么类型。

青梅煮酒论英雄——东汉时期酿酒以谷物发酵为主，酒精度较低（3～10度）。"煮酒"可能指加热米酒以提升口感，符合汉代饮法。

竹林七贤刘伶醉酒——推测为黄酒（曲酿黍酒）。魏晋时期制曲技术成熟，杜康酒（黄酒雏形）已闻名。刘伶诗中"一饮一斛，五斗解酲"虽有夸张，但符合低度发酵酒的特性。

葡萄美酒夜光杯——西域葡萄酒。唐代通过丝绸之路引入葡萄种植与酿酒技术，但中原自酿葡萄酒稀少，诗中"葡萄美酒"多指西域贡酒（如高昌葡萄酒）。

李白"对酒当歌"——推测为粮食发酵酒（黄酒／米酒）。唐代主流酒类为黍、稻酿造的清酒或浊酒，酒精度5～10度。古诗中的"白酒"多指浊酒或米酒（如李白"白酒新熟山中归"），非现代蒸馏白酒。

武松打虎——文学化"透瓶香"（可能为黄酒）。宋代酒业发达，但蒸馏酒（烧酒）尚未大规模生产。景阳冈"三碗不过冈"的烈性描述或为文学夸张，实际应为高糖化黄酒（酒精度约15度）。

茶叶战争

中国茶叶史是一部跨越千年的文明交融与权力博弈史。

起源于西南的茶树，自唐代陆羽《茶经》系统化茶学后，逐渐演变为关乎国计民生的战略物资——唐宋时期茶税占财政收入的1/4，茶马古道用茶叶换战马的交易维系着边疆稳定，明清时期的"万里茶道"更将中国茶推进全球贸易体系。

当欧洲贵族为武夷红茶疯狂时，茶叶已超越丝绸瓷器，成为塑造世界格局的特殊商品，两大影响历史的茶事件如下：

一是 18 世纪英国为平衡茶叶贸易逆差向中国输入鸦片，直接引发鸦片战争；

二是北美殖民者因反抗东印度公司茶叶专卖权，将 342 箱武夷茶倾入波士顿港，成为美国独立战争的导火索。

战火硝烟散去后，这场绿色叶片的征服远未终结。当英国植物猎人罗伯特·福特尼于 1851 年潜入武夷山盗取茶种与制茶技艺后，印度阿萨姆与锡兰（今斯里兰卡）的殖民茶园迅速崛起，彻底打破了中国的茶叶垄断。

耐人寻味的是，英国将中国复杂的茶道简化为标准化的拼配茶包，用立顿工业化生产颠覆了传统茶文化——如今全球茶叶贸易量的 80% 由跨国集团掌控，这恰似当年丝绸之路上中国茶的逆袭重演。

关于茶与茶文化，要阐述几个观点：

一是茶不始于陆羽，陆羽著《茶经》，只是将茶产业系统化阐述。《茶经》不是只写饮茶，更重要的是茶的分布、种植、采摘、制作。

二是唐代煎茶、宋代点茶，只是饮茶方式演变中的一个环节，并不比明清以来的冲泡法更有精神属性。

三是茶文化的核心，是"柴米油盐酱醋茶"，而不是"琴棋书画诗酒茶"。古代文人雅士的茶诗背后，是童子侍者们的备茶图。

四是茶的格局，是茶税、贸易与战争。

相关文物

《韩熙载夜宴图》画卷分为五个部分：听乐、观舞、暂歇、清吹、散宴，描绘了五代南唐大臣韩熙载夜宴宾客的场景。

关于创作原因，北宋《宣和画谱》称南唐后主李煜为考察韩熙载的私生活，派画家顾闳中潜入宴会现场，凭记忆绘制此图。而《五代史补》则记载李煜因韩熙载晚年行为放纵，故意将画作赐予他以表警示。两种说法虽情节不同，但都指向这幅画作与南唐君臣关系的微妙关联。

《韩熙载夜宴图》（宋摹本，局部）

东周青铜虎形灶于山西太原赵卿墓出土，春秋晚期之物。一组7件，由灶体、釜、甑，以及4节烟筒组成。

唐代银镏金茶碾于扶风法门寺地宫出土，通高7.1厘米，长27.4厘米。浇铸、锤镍成形，纹饰填金。由碾槽、辖板和槽座组成。

东周青铜虎形灶

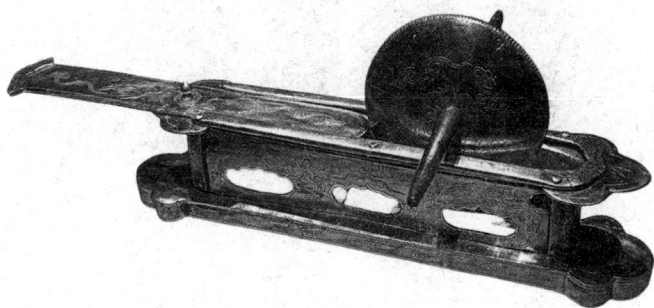

唐代银镏金茶碾

新疆吐鲁番阿斯塔纳墓群出土的饺子，形如半月，与现代北方饺子几乎一样。面皮为精磨小麦粉，馅为菜或肉。

唐代面食点心和饺子

十五、一骑红尘：通信与物流

"一骑红尘妃子笑，无人知是荔枝来"，这是古代最著名的物流案例，今天有一种荔枝就叫作"妃子笑"。比之更早，历代王朝，南方水果也是要快递到长安皇宫中，给皇家人先尝鲜。如秦始皇修驰道运岭南鲜果（如《史记》载"果隋、蠃蛤"）、汉武帝时"南海献龙眼、荔支，十里一置，五里一候"（《后汉书·和帝纪》）。

唐代岭南至长安的"荔枝道"具体路线存在争议（一说经子午道，一说经三峡），至少也在 2000 公里。无论"以蜡封荔枝蒂"或"连根移植于瓮"，或冰镇密封，都是艰难的旅途。荔枝抵长安后"色香味不移者，十八九矣"。

中唐文人李肇斥"荔枝之盛，亦天宝之妖也"，这场穷极人力物力的运输，终成盛唐由盛转衰的悲凉注脚。

大动脉

中国古代的交通运输大动脉工程深刻影响着文明的进程。

早在秦代，秦始皇为巩固统一，下令修筑贯通全国的"驰道"与"直道"，构建起最早的标准化陆路网络。驰道以咸阳为中心辐射四方，最宽处记载达 50 步（约 69 米），黄土夯筑的路面可供战车疾驰；直道则沿子午岭山脊蜿蜒向北，直抵九原郡（今内蒙古包头），现存遗迹中清晰的车辙印证了这条军事要道的战略地位。

而在西南边陲，秦始皇修筑的五尺道仅宽 1.15 米，却成为中原王朝经略云贵的开端。马蹄在青石板上踏出的凹痕，至今仍在昭通豆沙关的崖壁上清晰可见。这些道路不仅实现了"车同轨"的制度统一，更为后世官道体系奠定了基础。

汉代张骞凿空西域后，一条横贯欧亚的丝绸之路逐渐成形。这条商道从长安出发，穿越河西走廊的武威、张掖、酒泉、敦煌四郡，经玉门关进入西域。沿途设置的烽燧与驿站如同珍珠串联，戍卒日夜守望，商队驼铃悠扬。

敦煌西北的小方盘城遗址，至今仍可窥见汉代玉门关的雄姿。当年这里查验通关文牒、征收关税的场景，见证了丝绸西去、天马东来的盛况。而西域特有的坎儿井水利工程，则为丝路旅人提供了珍贵的水源保障。

在水路开拓方面，秦人展现出惊人的智慧。前 214 年，监御史史禄主持开凿灵渠，以铧嘴分流湘漓二水，硬生生将长江与珠江两大水系连接起来。唐代李渤又在渠中增筑陡门，通过木闸升降调节水位。

更为宏大的是隋唐大运河，隋炀帝在前代鸿沟的基础上疏浚扩建，形成以洛阳为中心，北抵涿郡、南达杭州的水运网络。唐代通过这条水道年运粮食 250 万石，维系着长安城的繁华；而宋代漕运量更增至 400 万石，运河两岸"舳舻相继，商旅往返"的景象持续千年。

至元代定都大都（北京）后，为缩短南北漕运距离，工匠们"舍弓取弦"，在隋唐运河基础上截弯取直：开凿济州河、会通河连通泗水与卫河，又在郭守敬主持下引白浮泉水济漕，修通惠河直抵大都积水潭。自此，杭州的粮船可沿京杭大运河直上 3000里，经徐州至临清的"闸河"段设 31 处船闸化解水位落差，年运粮约 500 万石。明清两代续修清江闸、戴村坝等工程，这条人工血脉最终贯通海河、黄河、淮河、长江、钱塘江五大水系，成为世界最长运河的完整形态。

在军事要冲之地，古人的工程智慧和决心同样令人惊叹。

横亘在秦岭深处的蜀道，以"地崩山摧壮士死"的代价开凿而成。金牛道上，工匠们或在绝壁凿孔插木搭建栈道，或直接在岩体开凿凹槽形成石路，硬是在"黄鹤之飞尚不得过"的险峻山岭间辟出通途。这条连接关中与巴蜀的生命线，不仅成就了诸葛亮"六出祁山"的传奇，更让成都平原的蜀锦与茶叶得以源源不断地输往中原。

明代沿长城防线构筑的九边驿路同样堪称壮举，从辽东到甘肃的万里边墙上，驿站与军堡星罗棋布，快马日夜奔驰传递军情。戚继光镇守蓟州时重修的石砌驿道，部分路段至今仍可通行。

海上运输的开拓始于元代。当陆上丝绸之路逐渐衰微时,元世祖忽必烈开辟了从刘家港到直沽的海运航线。船队乘季风北上,以指南针辨位,年运漕粮最高达 330 万石。尽管风浪中约有一成船只沉没,但这条航线仍有力支撑了元大都的物资需求。

这些跨越千年的工程奇迹,不仅是夯土与石块的堆砌,更是文明血脉的延续。驰道上的车辙印刻着律令文书的传递速度,运河里的波涛承载着江南稻米的清香,蜀道上的蹄声回响着茶马互市的喧闹,它们共同编织成中华文明生生不息的交通网络。当我们在敦煌残卷中读到"一驿过一驿,驿骑如星流"的诗句,在运河遗址触摸那些布满绳痕的系船石的时候,依然能感受到古代匠人征服地理阻隔、联通天下四方的磅礴气魄。

烽火与驿站

古代通信,即传递消息的方式,受限于人力与畜力,效率较低。准确信息的远距离传递主要依赖人力递送(如驿卒、信使)。

烽火台等设施仅能传递预设的简单信号,如汉代烽燧制度规定"虏十人以下举一烽,千人以上燔三积薪"。信鸽虽被用于特定线路(如唐代长安至洛阳的"飞奴传书"),但其依赖鸟类归巢本能,且易受天敌、天气影响,难以大规模推广。这与近现代以电磁波为载体的通信技术存在本质差异。

文学作品中寄托的通信想象,如《西游记》中"千里眼""顺风耳"、《镜花缘》中"飞车传信",如今已通过视频通话、卫星通信(如北斗系统覆盖全球)和深空测控(如嫦娥 5 号地月通信)实现,甚至部分技术(如实时跨国全息投影)远超古人想象。

古代官方通信以驿站系统为核心，形成等级森严的官僚网络。官员凭鱼符、驿券等凭证免费换马食宿，唐代加急公文"敕书日行五百里"，宋代增设"金字牌急脚递"，昼夜行 600 里。

驿站能够维持高速传递，核心在于严密的接力机制。如唐代，每处驿站常备数十匹良马，"驿长"需确保马匹膘肥体壮。公文抵达后立即换马不换人，但至下一站则人马俱换。元代急递铺更将接力细化。铺兵腰系铜铃疾驰，下一铺闻铃即备马待命，昼夜限行 400 里。明代驿站设"马神庙"祈求马匹健硕，厩房储豆料盐草。

官方驿站严禁私用，平民完全被排斥在此系统之外，明代甚至有百姓因误入驿站 50 步内而被流放。科举通信是少数例外。明代举人凭"公据"可免费乘驿赴考，但严禁代传家书。特殊群体如永乐年间戍边军户，家属可通过卫所转递信件，成为底层罕见的合法通信渠道。

民间长期依赖非正式传递。如徽州信客徒步跨省送信，但因盗匪、疾病等风险，约三成信件遗失。明代中后期出现专业化组织。宁波"全盛民信局"实现跨省传信汇款，山西票号"日昇昌"兼营银信合一业务。镖局为富户寄送急件，道光年间北京至广州镖信费达 50 两，相当于农民 3 年口粮。

近代通信体系在西方技术冲击下发生本质改变。1878 年 3 月海关试办邮政发行"大龙邮票"；1896 年 3 月光绪帝批准设立"大清邮政官局"；1871 年丹麦大北公司私建上海至香港电报线引发清廷抗议；1882 年 2 月英商在上海租界开通电话业务；1904 年 1 月清廷自办北京电话局。慈禧太后初以"电线坏风水"反对，后默许颐和园专线。

水陆工具

古代出行工具的本质虽不复杂，但在不同时空与文化背景下呈现出丰富形态。

陆路交通以人力、畜力为主轴：平民多徒步而行，或借助牛车、驴车、独轮车完成运输；西南山民以背笼负重翻越险峰；东北部族在冰天雪地中使用狗拉雪橇穿行。

贵族阶层则通过车马仪仗彰显地位：商代战车以青铜构件与彩绘车厢为权力符号；周代"天子驾六"制度将六马并驰的威仪写入礼法。汉代虽因骑兵崛起逐渐淘汰战车作战，却将其转化为贵族狩猎的娱乐工具。

魏晋时期因马匹稀缺与社会风气转变，牛车意外地成为名士清谈的流动沙龙，车内铺设茵褥、悬挂香囊，与车外吱呀慢行的老牛构成独特时代景观。至唐代，竹编檐子因轻巧雅致风靡贵族妇女圈层，唐文宗颁布敕令限制其滥用，反令檐子成为身份标识。

水路交通的发展始终与造船技术交织。

汉代楼船如水上宫殿，汉武帝的豫章楼船高达3层，甲板可跑马阅兵，成为帝国威仪的水上延伸。民间则以竹筏、独木舟维系生计。黄河上的羊皮筏用整张牛羊皮缝制气囊，历经激流仍能保全货物。

唐代士大夫将审美注入舟船，画舫雕梁画栋，文人泛舟赋诗，船篷推开便是流动的诗画屏风。而渔民驾驭的舢板如柳叶轻旋于莲塘，船舷水痕记录着千百年的晨昏劳作。

明代郑和宝船以水密隔舱技术创造航海奇迹，这项源自宋代泉州商船的智慧，让巨舰即使局部破损仍能浮海前行。

桥梁作为陆路的延伸，是一种特殊的交通工具。秦汉栈道在绝壁上凿孔架木，串联起巴蜀与中原的呼吸。隋代赵州桥以敞肩拱结构化解洪水冲击，石栏板上的蛟龙浮雕已凝望洨河 1400 年。西南藤索桥则借助自然材料横跨深涧，藤蔓每年枯荣更替，与山民的生计共同编织成坚韧的生命之网。

阶层差异在交通工具上体现得尤为深刻。商周时期，马车舆杆镶嵌绿松石，车轮裹覆皮革，成为贵族专属。汉代律令明令"贾人不得乘马车"（《后汉书》），将车辙轨迹化作阶级鸿沟。唐代三品以上官员方有资格乘坐金银装饰的檐子，平民驴车不得逾越坊市界限。明清律例对轿子规格严苛至极，青布小轿与八抬大轿之间隔着整个官僚体系的森严等级。

技术的演进始终推动着出行变革。商代实心木轮发展为西周辐条轮，让战车速度倍增。十六国时期马镫的发明，使骑兵真正成为战场的主宰。更隐秘的革新藏在日常细节里。蜀地滑竿用活结绑扎竹椅，起落间减轻颠簸。闽越山民的木屐齿纹可防湿滑，屐声嗒嗒穿过唐宋烟雨，至今仍在青石板上回荡。

这些散落在时光里的智慧和日影，让跨越千年的出行史始终闪烁着人性的温度。西北沙漠，晋商驼队穿越风沙的足迹，与江南纤夫匍匐拉船的号子，共同构成了古代交通史诗中最沉重的篇章。

漕运盐枭

古代漕运的本质，是以中央集权力量构建的国家级物流体系，核心目的是将江南等产粮区的税粮与物资，跨越地理阻隔输送至北方政治中心，从而保障政权运转与都城供给。

这套体系涵盖三大环节：

采购——按田亩征收粮赋，两宋后渐以江南为核心供应区；

运输——依赖人工运河网络，组建官船队与民船协作运输；

仓储——沿线设转运仓分级储备，如唐代河阴仓、宋代真州仓、明清徐州广运仓，形成"分段转运，逐级递送"的精密调度。

自秦汉萌芽至清代终结，漕运始终是维系帝国生命线的"水上动脉"。

漕船队伍本身便是流动的物流奇迹。清代一艘标准漕船载重500石（约30吨），船身用杉木打造，榫卯结构不用铁钉，以适应运河水位变化。粮袋堆码讲究"中留气孔，四角加固"，防止霉变与倾覆。官方档案记载，道光年间每船配有6名水手、12名纤夫，船上必备铁锅、蓑衣、急救药材，堪称古代版的"标准化运输"。但漕运也是贪腐温床，乾隆朝查处的浙江漕运案中，官员在粮袋夹层灌沙增重，虚报损耗率高达15%，这类"漕弊"持续侵蚀着帝国根基。

运河上不仅运输粮食。江西的瓷器装在特制"瓷笼船"里，用稻草间隔防碎；苏杭丝绸用油布包裹，经运河直送京城织造局；甚至连建造紫禁城的金砖、楠木，都依赖漕船运输。据《临清州志》记载，明代每年从山东临清启运的城砖达120万块，每块砖刻有工匠姓名，质量可溯。文化交融也在水波中发生：昆曲沿河北传催生了京剧，运河钞关的税吏文书衍生出独特的"河务体"书法，甚至连沿岸茶馆的评书话本，都随漕船扩散成全国流行的故事。

202

维系这套体系的还有严密的组织结构。从唐代转运使到明清漕运总督，专职官员统管 10 余万漕军。

更具传奇色彩的是漕帮，这个由水手、纤夫组成的团体，雍正年间被收编为官方运输队。成立"安庆帮""杭三帮"等，制定帮规"十禁十戒"，用暗语"三堂六部"管理船只。他们发明的"龙门账"成为早期的物流记账法，船队过闸时以铜锣为号，30 里一报，确保全程调度。

当工业文明浪潮拍岸，漕运终成往事。道光六年（1826）首试海运，沙船半月抵津（河运需三个月）；1872 年轮船招商局成立，蒸汽船取代漕船；1901 年清廷谕令漕粮折银，运河卸下帝国重担；1912 年"津浦铁路"通车，漕运主体功能终结。

漕运中，盐是与粮食并重的战略物资。

古代盐的稀缺性源于其不可替代的生理需求与生产技术局限——海盐需引海水筑盐田曝晒，井盐在宋代"卓筒井"技术成熟前仅能浅层开采（汉代盐井深约 20 米），池盐则依赖特定盐湖（如山西运城解池）开采。

战国时管仲首创"官山海"盐铁专营，汉武帝设盐官统购统销，唐代中期盐税占国库收入的 50%。暴利诱使私盐屡禁不止，元末张士诚、清代黄玉林等枭雄以盐贩起家，甚至撼动政权。

漕运与盐的关联在于运输网络：清代两淮盐场额定年产盐 3.38 亿公斤（169 万引），经运河运至扬州十二圩盐栈验秤，再分运至各省。盐帮以改装漕船夹层走私，与漕帮形成利益同盟。

盐的稀缺性至近代渐消解：1892 年引入蒸汽制盐技术，1950

年后新中国推行盐田机械化，至 20 世纪 70 年代盐价平民化，千年盐枭终成历史。

漕帮与盐枭并不能始终"两帮一家"。道光十二年（1832），漕帮水手因强征盐船"过路费"未果，在淮安清江浦与盐枭爆发械斗，焚毁盐船 20 余艘、劫盐千余引，暴露官漕失控。待到漕运衰落时，漕帮向上海租界渗透，与失业水手、盐枭合流，逐渐演变为青帮。

星辰大海

中国古代对星辰大海的探索，是一场持续数千年的文明接力。早在新石器时代，先民们已开始观察天象——河南濮阳西水坡墓葬中，用蚌壳摆出的龙虎图案（距今约 6500 年），或许是最早的天文启蒙。

到了战国时期，甘德、石申等天文学家记录了上百颗恒星的位置，张衡发明了浑天仪描绘宇宙模型，这些智慧为后来的航海奠定了方向。

而指南针的出现，显著提升了航海的安全性与效率——北宋《武经总要》记载的"指南鱼"，是将磁化铁片浮于水面定向；《梦溪笔谈》进一步改良为"水浮法"磁针，置于刻有二十四方位的罗盘上；南宋海船已普遍配备"针盘"，水手结合星象与磁针定位，形成"夜看牵星，昼依针路"的导航体系。

郑和下西洋时，罗盘与牵星板并用，即便阴云蔽日，船队仍能沿"针经簿"记录的航向破浪前行。这项发明经阿拉伯商人西传，为西方航海探险家们提供了"东方的眼睛"。

航海技术同样凝聚着东方匠人的巧思。宋代泉州出土的沉船证明，当时已掌握成熟的水密隔舱技术——船舱被分隔成多个密闭空间，即使局部破损进水，整船也不会沉没。

郑和船队中的宝船究竟有多大？史书记载"四十四丈"（约136米），但根据南京出土的巨型舵杆推算，船长可能在60米左右。这些船只载着瓷器、丝绸，7次穿越印度洋，最远到达东非沿海（今索马里一带），比欧洲航海家早60多年打通了亚非海上通道。长颈鹿被当作"麒麟"带回中国，景德镇的青花瓷则远销阿拉伯，文明的对话在风帆间悄然展开。

僧侣与学者的跨海壮举同样令人震撼。

东晋高僧法显陆路去印度取经，归国时搭乘商船穿越风暴，在《佛国记》中写下"大海无边，唯靠日月星辰辨方向"的航海实录。唐代鉴真6次东渡，双目失明仍将中医、建筑技艺传到日本，奈良唐招提寺的梁柱间至今留存着盛唐气象。马欢跟随郑和出海，在《瀛涯胜览》里记录下爪哇火山喷发的奇观，比欧洲人早200年留下了热带岛屿的地理资料。

古人对天空的向往同样充满创造力。

虽然"墨子造木鸢三日不下"只是传说，但宋代军队已用火药箭作战，明代《武备志》记载的"神火飞鸦"更是一种带翅膀的喷火武器，堪称古代版"无人机"。风筝不仅用于娱乐，明代边防军曾用大型纸鸢侦察敌情，这些尝试虽未实现载人飞行，却为后世航空技术埋下了火种。

今天，当"嫦娥"探测器从月球带回土壤，当"蛟龙号"潜入万米深海，我们依然能感受到先民探索精神的延续——泉州宋代沉船里打捞出的胡椒、南海神庙碑刻上的潮汐规律、景德镇窑址中烧制的异域纹样瓷器，都是千年探索之路的见证。从观星辨海到飞天入地，中华民族对宇宙和自然的追问，始终在文明的血脉中生生不息。

相关文物

1957年，唐陶骆驼载乐舞三彩俑出土于西安南郊鲜于庭诲墓。整个陶俑由骆驼和人物分开烧制后再组装而成。骆驼背部的菱格花纹毯子，与中亚地区发现的古代织物图案相似。驼背上的5位乐舞人物各具特色。琵琶的造型融合了波斯和中亚风格，觱篥的形制接近西域壁画中的乐器，而五片拍板则与唐代宫廷乐器相似。

这类文物多出土于唐代贵族墓葬，三彩釉色的黄、绿、褐搭配，既有来自波斯玻璃工艺的启发，又保留了本土铅釉技术的传统，成为中外技术融合的例证。它像一扇窗口，让我们得以窥见千年前不同文明在贸易中相互影响、共同创造的历史图景。

唐陶骆驼载乐舞三彩俑

《驿使图》画像砖出土于嘉峪关新城魏晋墓群 5 号墓。人物没有画嘴巴，推测是表达驿传的保密性——嘴要严。

战国鄂君启节，则是战国中期楚怀王颁发给鄂君启的免税通行证。

《驿使图》画像砖

战国鄂君启节

参考书目

[1] 王力.中国古代文化常识 [M].北京：世界图书出版公司，2008.

[2] 朱大渭，刘驰，梁满仓，等.魏晋南北朝社会生活史 [M].北京：中国
社会科学出版社，2005.

[3] 李斌城，李锦绣，张泽咸，等.隋唐五代社会生活史 [M].北京：中国
社会科学出版社，2004.

[4] 朱瑞熙，刘复生，张邦炜，等.宋辽西夏金社会生活史 [M].北京：
中国社会科学出版社，1998.

[5] 史卫民.元代社会生活史 [M].北京：中国社会科学出版社，2005.

[6] 陈宝良.明代社会生活史 [M].北京：中国社会科学出版社，2004.

[7] 俞鹿年.历代官制概略 [M].哈尔滨：黑龙江人民出版社，1978.

[8] 吴良镛.中国人居史 [M].北京：中国建筑工业出版社，2014.

[9] 李约瑟.中国科学技术史 [M].北京：科学出版社，1990.

跋：触摸历史的温度

历史不只在书斋里，更在人间烟火中。

我们看惯了史册里的帝王将相，却常忽略市井里的柴米油盐。就像敦煌经卷，既载着佛经智慧，也藏着商队讨价还价的市井声。历史从来不是单线叙事，它是长安西市的驼铃，是汴河船工的号子，也是《清明上河图》里某个摊贩转身扬起的衣角。

胜利者总爱用金石定格永恒，却不知泥土才是最诚实的史官——掩埋的城郭、焚毁的竹简、风化的烽燧，都在用另一种语言诉说着被正史省略的故事。

读史要像看画：既见山是山，又见山不是山。乾陵无字碑的斑驳，胜过万言赞美；马王堆的素纱蝉衣，薄如蝉翼却重若千钧。站在龙门石窟前，别只盯着卢舍那的微笑，要听听伊河的涛声——那里有北魏工匠的凿刻声，有香山寺的木鱼声。

历史藏在辩证的褶皱里。既要领会《史记》的雄浑，也要读懂《世说新语》的灵动；既要解密甲骨文，也要破译民间歌谣。那些消逝的王朝、湮灭的城池，都活在老人讲的传说里，孩童嬉戏的巷陌中，春燕衔泥的梁椽下。

2025 年 5 月